일방통행로

Die Einbahnstraße

일방통행로

발터 벤야민 지음 조형준 옮김

Einbahnstraße by Walter Benjamin
Copyright ⓒ 1981 by Suhrkamp Verlag, Frankfurt am Main
Korean translation copyright ⓒ 2007 by Saemulgyul Publishing House

This Korean edition was published by arrangement with Suhrkamp Verlag, Frankfurt am Main through Bestun Korea Agency Co., Seoul.

옮긴이 조형준

서울대학교 인문대학 영어영문학과 졸업, 동대학원 수료
대표적인 역서로는 안토니오 그람시의 『그람시와 함께 읽는 문화: 대중 문화 / 언어학 / 저널리즘』, 움베르토 에코의 『포스트 모던인가 새로운 중세인가』, 프랑코 모레티의 『근대의 서사시: 괴테의 <파우스트>에서 마르케스의 <백년의 고독>까지』, 안 아르튀스-베르트랑의 『하늘에서 본 지구』(공역), 발터 벤야민의 『아케이드 프로젝트』 I, II, 『베를린의 어린 시절』, 『괴테의 친화력』, 돈 드릴로의 『코스모폴리스』 등이 있다.

일방통행로

지은이 발터 벤야민 l 옮긴이 조형준
펴낸이 조형준 l 펴낸곳 새물결 출판사
1판 1쇄 2007년 7월 20일 l 1판 10쇄 2023년 4월 30일
등록 서울 제15-52호(1989.11.9)
주소 서울특별시 은평구 연서로 48길 12, 513동 502호
전화 (편집부) 3141-8696
E-mail saemulgyul@gmail.com
ISBN 978-89-5559-220-7 (03100)

이 책의 한국어판 저작권은 베스툰 코리아 에이전시를 통해 저작권자와 독점 계약한 새물결 출판사에 있습니다. 신저작권법에 의해 한국 내에서 보호를 받는 저작물이므로 무단 전재와 복제를 금합니다.

일러두기

1. 이 책의 번역은 발터 벤야민, 『전집』, 4권(주어캄프 출판사, 1981년)을 저본으로 했으며, 프랑스어 번역본(*Sens Unique*)과 영어본(*Selected Writings*, 1권), 일본어 번역본(『벤야민 컬렉션』)을 참조했다. 벤야민의 문장이 모호한 경우에는 주로 프랑스어본의 번역을 따랐다.
2. 독일어 원서에는 주석이 하나도 달려 있지 않으며, 따라서 본 역서의 주석은 역자가 위의 번역본들 등을 참조해서 따로 만든 것이다.
3. 본문에서 [ ] 형태로 삽입된 것은 역자가 독자들의 이해를 돕기 위해 (주로) 짧은 문장을 삽입한 것이며, 이외의 다른 모든 본문의 문장은 벤야민의 것이다.
4. 서적, 시집, 연극, 오페라는 『 』로, 논문이나 시, 음악·미술 작품의 경우에는 「 」로 표시했다.
5. 인명과 지명 표기는 브리태니커 사전에 따르는 것을 원칙으로 하되 몇몇 경우에는 현지 발음에 가깝게 표기했다.
6. 본문 중에 인용된 문헌 중 기존 번역이 있는 경우 원칙적으로 기존 번역을 참고했으나 전후 문맥에 따라 번역을 수정했다.
7. 원어 병기는 본문이 너무 복잡해지지 않도록 가급적 피했으며 반드시 필요한 경우에만 표시했다.

차 례

주유소 · 13
아침 식당 · 15
113번지 · 17
남성용 · 20
표준 시계 · 21
돌아오너라! 모든 걸 용서하마! · 22
영주의 장원처럼 고풍스러운 가구를 비치해놓은
10칸짜리 아파트 · 23
중국 도자기 공예품 · 26
장갑 · 29
멕시코 대사관 · 31
알리는 말씀: 우리 모두 산림을 보호합시다 · 32
건설 현장 · 34
내무성 · 36
깃발 …… · 38
…… 조기 위치에 · 39
카이저 파노라마관 · 40

지하 공사 · 53

까다로운 숙녀 분을 위한 미용사 · 54

계단 주의! · 56

공인 회계사 · 57

교재 · 61

독일인들이여, 독일 맥주를 마시자! · 64

벽보 부착 금지! · 65

13번지 · 72

무기와 탄약 · 75

응급 처치 · 77

실내 장식술 · 78

문방구 · 80

장신구 · 83

확대 사진들 · 85

골동품 · 93

회중시계와 금은 세공품 · 97

아크등 · 99

로지아 · 100

습득물 보관소 · 103

마차 세 대까지 주차 가능 · 10

전몰 용사 기념비 · 107

화재경보기 · 110

여행 기념품 · 112

안경점 · 120

장난감들 · 122

외래 환자 진료소 · 133

세놓음 · 135

사무용품 · 137

한 개씩 포장한 화물: 운송과 포장 · 139

재단장을 위해 폐업함! · 140

셀프서비스 레스토랑 '아우게이아스' · 141

우표상 · 143

예, 이탈리아어 할 줄 압니다 · 150

응급 기술 원조 · 151

잡화 · 153

세금 상담 · 155

궁핍한 사람들을 위한 법적 보호 · 158

야간용 의사 호출 벨 · 161

마담 아리안느, 좌측 두번째 안뜰 · 162

가장용 의상 대여점 · 166

마권 판매소 · 169

비어 스탠드 · 171

거지, 잡상인 사절! · 174

플라네타리움에 관해 · 176

이 거리(街) 이름은
아샤 라시스* 가(街)
이 길을 저자 안에서
엔지니어로서
개척한 사람의 이름을 기리며

* 1891~1979년. 라트비아 태생의 연출가로 프롤레타리아 연극 운동에 참여했다. 1924년 카프리 섬에서 그녀를 알게 되면서 벤야민의 관심은 공산주의를 향하게 된다. 그녀는 벤야민의 생애에서 젊은 날의 연인 율라 콘, 아내인 도라와 더불어 가장 중요한 의미를 가진 여성이었다.

주유소

지금 삶의 구성은 확신(Überzeugung)[1]보다는 훨씬 더 사실들의 권역에서 이루어지고 있다. 게다가 지금까지 거의 한 번도, 단 한 번도 확신의 토대가 되어보지 못한 사실들에 의해. 이러한 상황에서 참된 문학 활동이 문학의 틀 안에서 이루어지길 바라서는 안 된다 — 그러한 표현 자체가 오히려 문학 활동의 불모성을 보여주는 낡아빠진 말이기도 하다. 문학이 제대로 효력을 발휘하려면 행동과 글쓰기가 엄격하게 교대되어야만 한다. 그렇게 하려면 괜히 젠 체하기만 하며 일반적인 제스처만 취하고 마는 저서보다 현재 활동 중인 공동체들에 영향을 미치기에 훨

---

[1] 'Zeugen'(남성이 생식 행위로 자식을 만드는 것)을 이용한 말놀이. 「플라네타리움에 관해」의 마지막 부분을 참조하라. 또한 「남성용」의 '설득(Überzeugen)' 그리고 「잡화」의 '확신(Überzeugung)'과도 관련되어 있다.

씬 더 적합한, 언뜻 싸구려처럼 보이는 형식들, 즉 전단지, 팸플릿, 신문 기사와 플래카드 등을 만들어내야 한다. 그처럼 기민한 언어만이 순간순간을 능동적으로 감당할 수 있다. 온갖 의견이 사회적 삶이라는 거대한 장치에 대해 갖는 관계는 기름과 기계의 관계와 동일하다. 아마 터빈 위에 서서 위에다 기계유를 쏟아 부을 사람은 없을 것이다. 감추어져 있는 축이나 이음매에 기름을 조금 쳐주는 것이 다일 텐데, 그러자면 그것들이 어디 있는지를 알아야 할 것이다.

아침 식당

 민간에서 전해 내려오는 한 이야기는 아침 식사 전에 꿈 애기를 하는 것을 금지하고 있다. 그러한 상태의 사람은 이제 막 잠에서 깨어났지만 실제로는 아직도 꿈의 세력권 안에 붙잡혀 있다. 즉 세면은 단지 몸의 표면과 눈에 보이는 운동 기능을 밝은 빛 속으로 불러낼 뿐이며, 그에 반해 몸의 가장 깊은 층에서는 심지어 아침에 몸을 청결하게 하는 동안에도 꿈의 회색 어스름이 그대로 머물고 있다. 아니, 그것은 막 잠에서 깨어난 고독한 1시간 동안 한층 더 단단해진다. 대인 공포증 때문이든 아니면 내적인 평정을 위해서든 낮과 접촉을 피하려는 사람은 아침 식사를 하려고 하지 않으며, 그것을 소홀히 한다. 그런 식으로 밤의 세계와 낮의 세계 사이의 단절을 피하는 것이다. 그러한 종류의 조심성이라면 기도가 아니라면 집중적인 아침 일을 통해 꿈을 연소시키는 것이 바람직할 것이다. 그렇게 하지 않으면 생체 리듬의 혼란을 가져올 것이기 때문이다. 그러한 상태에서 꿈 이야기를 하는 것은 엄청난 결과를 초래할 것이다. 왜냐하면 아직 절반은 꿈의 세계와 결탁하고 있으면서도 말로는 그러한 세계를 배신하기[드러내기] 때문에 그러한 세계로부터의 복수를 각오해야 하기 때문이다. 좀더 현대적인 용어를 빌려 표현하자면 인간은 자기 자신을 배신한다. 그는 이제는 꿈꾸는 순진함의 보호를 받을 때는 지났으며, 우월감 없이 꿈의 표정들을 건드리면서 자기 자신을 넘겨주게 된다. 오직 저쪽 강둑, 즉 밝은 낮이 되어야만 기억이라는 우월한 입장에서 꿈에 대해 말할 수 있기 때문이다. 이러한 꿈의 저쪽에는 몸을 씻는 것과 유사하지만 그것과는 전혀 다른 정화를 통해서만 도달할 수 있다. 그것은 위를 통해서 이루어져야 한다. 아침 식사 전의 공복 상태에서 사람들은 마치 잠 속에서 잠꼬대를 하는 것처럼 꿈에 대해 말한다.

113번지

> 형상들을 담고 있는 시간들은
> 꿈의 집 안에서 흘러가 버렸다.[1]

지하실

우리는 삶이라는 집을 세울 때 우리가 따랐던 의식을 벌써 오래전에 잊어버렸다. 그러나 그것이 공격받을 때, 그리고 적의 폭탄이 이미 떨어지고 있을 때 그들 폭탄에 의해 수척해진, 기이한 고물들이 토대 속에서 그대로 드러나는 것이 아닌가. 얼마나 많은 것이 주문과 더불어 묻히고 희생물로 바쳐졌던가? 저 아래에는 얼마나 무시무시한 진품珍品 진열실이, 가장 일상적인 것

---

1) 벤야민이 1915~1925년 사이 친구 C. F. 하일렌을 기념하기 위해 쓴 소네트 중의 한 편(제목 없음)의 시작 부분. 1894년생인 하일렌은 1913년 프라이부르크 대학에 재학 중이던 벤야민과 알게 되었는데, 1914년 제1차세계대전 발발 직후에 자살했다.

에 가장 깊은 수혈竪穴이 주어져 있는 진열실이 놓여 있던가? 절망에 빠져 있던 어느 날 밤 나는 몇 십 년이나 소식을 모르고 있었으며 당시 거의 생각조차 못하고 있던 학창 시절의 최고의 단짝과 만나 우정을, 그리고 형제 같은 애정을 폭풍처럼 새롭게 맺는 꿈을 꾸었다. 그러나 잠에서 깼을 때 분명하게 알 수 있었다 ─ 절망이 폭발하듯 폭로한 것은〔낮으로 가져온 것은〕 그의 유해로, 그것이 거기에 갇혀 있던 것은 이렇게 경고하기 위해서였다는 것을. 즉 언젠가 여기 살게 된 사람은 어떠한 경우에도 그와 닮아서는 안 된다는 것을.

현관

괴테 하우스 방문. 꿈속에서 방들을 보았었는지는 기억나지 않는다. 학교에서처럼 회반죽을 바른 복도들이 죽 이어져 있었다.[2] 두 명의 나이 지긋한 영국인 여성 방문객과 관리인 한 명이 꿈의 단역이었다. 관리인은 우리에게 한 통로의 맨 끝에 있는 사면 책상 위에 펼쳐져 있는 방문객 내방객 방명록에 이름을 적을 것을 재촉하고 있다. 그쪽으로 가서 페이지를 넘기던 나는 이미 내 이름이 크고 서툰 아이 글씨로 적혀 있는 것을 발견했다.

---

2) 바이마르의 괴테-실러 문서관의 인상과 겹쳐질지도 모른다. 「바이마르」, 2장의 시작 부분을 참조하라.

식당

괴테의 서재에 있는 꿈. 바이마르의 서재와는 전혀 달랐다. 무엇보다 아주 작았고 창문도 하나밖에 없었다. 창문 맞은편 벽에는 책상이 측면을 벽에 대고 놓여 있었다. 책상 앞에서는 고령의 시인이 앉아서 무언가를 쓰고 있었다. 내가 옆으로 다가서자 그는 일을 중단하고 고대의 자기로 보이는 작은 화병을 하나 선물로 주었다. 나는 그것을 양손으로 돌려보았다. 방 안은 엄청 더웠다. 괴테는 일어나더니 나를 데리고 옆방으로 들어갔는데, 거기에는 긴 식탁 위에 나의 친척들을 위한 식사가 준비되어 있었다. 그러나 친척들 수보다 훨씬 더 많은 양의 음식이 준비되어 있는 듯했다. 아마 선조들 몫도 준비한 것이리라. 오른쪽 끝에 나는 괴테와 나란히 앉았다. 식사를 마친 후 그는 힘겹게 자리에서 일어났고 나는 몸을 부축해주어도 되는지를 몸짓으로 물었다. 그의 팔꿈치를 만졌을 때 나는 너무 감동한 나머지 눈물을 흘리기 시작했다.

남성용[1]

설득(Überzeugen[2])은 결실을 맺지 못한다[아이를 만들 능력이 없다].

---

1) 공중 화장실 표시일 것이다.
2) 「주유소」의 주 1을 참조하라. '결실을 맺지 못한다(unfruchtbar)' 는 동시에 '아이를 만들 능력이 없다' 라는 뜻을 갖고 있다.

표준 시계

위대한 작가들에게 있어 완성된 작품은 평생 작업해오고 있는 단장斷章들보다는 덜 무게를 지닌다. 왜냐하면 오직 좀더 재능이 부족하고 산만한 자들만이 뭔가를 마친 것에 대해 무상의 기쁨을 느끼며 그것으로 다시 자기 삶을 돌려받았다고 느끼기 때문이다. 천재에게 있어서는 모든 중간 휴식이, 또 운명의 무거운 타격조차도 편안한 잠과 마찬가지로 그의 작업실 자체의 근면함 속으로 떨어진다. 그리고 단편 속에서 이 작업실의 세력권을 나타내는 선을 그린다. "천재는 근면하다."[1]

---

1) 독일의 작가 폰타네(1819~1898년)가 독일의 화가 멘첼(1815~1905년)에 대해 서술한 "근면이 비로소 천재를 만든다"라는 말에서 유래하는 성구.

돌아오너라! 모든 걸 용서하마!

　　철봉에서 대회전을 하는 사람처럼 사람들은 누구나 소년 시절에는 스스로가 회전식 추첨기를 돌리는데, 그곳으로부터 빠르든 늦든 대박이 터질 것이다. 왜냐하면 우리가 15살 때 알고 있던, 아니면 하고 있던 것만이 이후 어느 날 우리의 매력이 되기 때문이다. 따라서 도저히 되돌릴 수 없는 것이 하나 있다. 즉 부모님에게서 도망칠 수 있는 기회를 놓치는 것이다. 그러한 나이 때에는 48시간만 방치되어도 그것으로부터 삶의 행복의 결정結晶이 알칼리 용액 속에서처럼 형성된다.

영주의 장원처럼 고풍스러운 가구를 비치해 놓은 10칸짜리 아파트

19세기 하반기의 가구 양식에 대해 그에 적합한 서술과 분석을 동시에 제공하고 있는 유일한 것은 특정한 유형의 추리 소설들인데, 그것들의 역동적 흐름의 중심에는 주거에 대한 공포가 자리 잡고 있다. 가구의 배치(법)는 동시에 죽음을 가져오는 덫의 배치(도)이며, 일렬로 나란히 이어져 있는 방들은 희생자에게 도망가야 할 경로를 미리 알려주고 있다. 바로 이러한 종류의 추리 소설이 ― 그러한 주택이 아직 거의 존재하지 않았던 시대에 ― 포[1]와 더불어 시작되는 것은 앞서 서술한 내용과 모순되지 않는다. 왜냐하면 예를 들어 보들레르[2]의 시에 나오는 파리의 거리들이 1900년 이후에야 비로소 등장하며, 또한 도스토예프

1) 1809~1849년. 미국의 소설가, 시인.
2) 1821~1867년.

스키[3]의 등장인물들도 그때까지는 존재하지 않았던 것처럼 위대한 작가들은 예외 없이 사후에 다가올 세계 속에서 이런저런 생각을 조합해보기 때문이다. 1860년대에서 1890년대까지 부르주아 계급의 실내에는 온갖 조각이 여기저기 어지럽게 새겨져 있는 거대한 식기 찬장이 놓여 있고, 종려나무가 서 있는 햇볕이 들지 않는 구석이 있고, 난간으로 둘러싸인 발코니가 있으며, 가스등 불꽃이 노래하는 기다란 복도가 있었다. 그러한 실내에 살기에 적합한 것은 시체뿐이다. "이 소파 위에서 숙모가 살해당할 수밖에 없다." 혼이 결여된 가재도구의 풍요는 시체 앞에서야 비로소 진정으로 쾌적해진다. 추리 소설에서 동양의 온갖 풍경보다 훨씬 더 흥미로운 것은 아주 호화로운 동양풍 실내이다. 즉 페르시아산 카펫과 터키식의 침대 의자, 현등과 진짜 카프카스산 진검. 묵직한, 얽어맨 페르시아산 태피스트리 뒤에서는 가장이 유가 증권을 갖고 흥청거리며 마치 동방의 호상豪商이나 한가하게 마법에 걸려 있는 듯한 상태의 대상들의 숙소에 있는 게으름뱅이 고관이라도 된 듯한 기분에 빠질 수 있다. 그러다가 결국 침대 의자 위의 은으로 된 칼집 속에 꽂혀 있던 단검이 시에스타를 즐기고 있던 그의 어느 멋진 오후와 본인의 목숨을 끝장내게 될 때까지 말이다. 음탕한 노파가 색을 탐하듯이 두려움에 떨며 이처럼 이름도 없는 살인자를 기다리고 있는 부르주아 주거의 이러한 인물을 몇몇 작가들은 철저하게 파고들었는데,

3) 1821~1881년.

이들은 '추리 소설 작가'라는 이유로 — 또한 아마 이들의 글에서 부르주아 계급의 복마전이 일부 분명하게 드러나고 있기 때문에 — 그들에게 걸맞은 명예를 부여받지 못했다. 코넌 도일[4]은 몇몇 작품에서 그리고 여류 작가 A. K. 그린[5]은 어느 대작에서 그러한 작품이 어떠한 것이어야 하는지를 분명하게 보여주었으며, 가스통 르루[6]는 19세기에 관한 위대한 소설 중의 하나인 『오페라의 유령』으로 이 장르를 신격화의 경지까지 끌어올렸다.

---

4) 1859~1930년. 셜록 홈스로 유명해진 영국 작가.
5) 안나 캐서린 그린(Anna Katherine Green, 1846~1935년). 미국 추리 소설의 선구자로 뉴욕의 브루클린에서 태어났다. 그녀의 스릴러들은 논리적 구성과 형법에 관한 해박한 지식을 특징으로 하고 있다. 가장 유명한 소설로는 『리벤워스 사건』이 있다.
6) 1868~1927년. 프랑스 작가.

중국 도자기 공예품

최근에는 누구도 자기가 '할 수 있는' 것에만 몰두하려고 하지 않는다. 즉석에서 해야만 강한 힘을 발휘한다. 모든 결정적인 펀치는 왼손으로 가격된다.

내가 매일 저녁마다 찾아가는 …… 어떤 여자의 집으로 올라가는 기다란 길 초입에 문이 하나 있다. 그녀가 이사 간 후 이 문의 아치형 입구는 그때부터 청력을 잃은 귓바퀴처럼 내 앞에 서 있다.

잠옷을 입고 있는 아이[1]는 집을 찾아온 손님에게 인사하라

---

1) 아샤 라시스의 회상에 따르면 그녀의 딸 다거를 말한다.

고 해도 고집을 피우며 말을 듣지 않는다. 거기 있는 사람들이 좀더 지고한 윤리적 관점에서 그렇게 얌전 빼지 않아도 된다고 훈시해보았자 아무 소용이 없다. 몇 분 후 아이가 다시 나타났는데, 이번에는 발가벗은 채였다. 어느새 몸을 씻은 것이다.

걸어가느냐 아니면 비행기를 타고 위를 날아가느냐에 따라 시골 길이 발휘하는 힘은 전혀 달라진다. 이와 마찬가지로 텍스트도 그것을 읽느냐 아니면 베껴 쓰느냐에 따라 발휘하는 힘이 전혀 다르다. 비행기로 여행하는 사람은 오직 길들이 풍경 속을 뚫고 나가는 모습만을 볼 뿐으로 그의 눈에 길은 그것을 둘러싸고 있는 지세와 동일한 법칙에 따라 펼쳐진다. 길을 걸어가는 사람만이 길의 지배력을 알며, 비행기를 타고 가는 사람에게는 그저 쭉 펼쳐져 있는 평야에 불과한 지형들로부터 마치 병사들을 전선에 배치하는 지휘관의 호령처럼 원경들, 전망대, 숲 속의 공터, 굽이굽이 길목마다 펼쳐진 멋진 조망을 불러낼 수 있다. 이와 마찬가지로 베껴 쓴 텍스트만이 그것에 몰두한 사람의 영혼에게 호령할 수 있는 반면 단순한 독자는 [텍스트에 의해 열린] 자기 내면의 새로운 광경들, 계속 다시 빽빽해지는 내면의 원시림들 사이로 나 있는 길을 결코 찾을 수가 없다. 왜냐하면 그저 읽기만 하는 사람은 몽상의 자유로운 하늘을 떠돌며 자아의 움직임에 따르지만 베껴 적는 사람은 그러한 움직임에 호령을 하기 때문이다. 따라서 중국의 서적 필사 전통은 문예 문화에 있어 어느 것에도 비할 수 없는 보증이었으며, 사본은 중국의 수수께

끼를 푸는 열쇠이다.

장갑

동물들에게 혐오감을 느낄 때 어떤 사람의 마음을 온통 사로잡는 느낌은 혹시 접촉하면 그들이 자기 마음을 꿰뚫어 보지는 않을까 하는 불안감이다. 자신 안에 뭔가 혐오감을 불러일으키는 동물과 흡사한 것이 있어 동물이 그것을 알아차리지 않을까 하는 막연한 의식, 그것이 인간의 마음 깊은 곳에서 두려움을 불러일으키는 것이다 — 모든 혐오감은 원래 접촉하는 것에 대한 혐오감이다. 겨우 얼토당토않게, 정곡을 찌르는 것과는 무관한 과장된 제스처를 취해야만 그나마 그러한 감정을 어찌해볼 수 있을 뿐이다. 즉 혐오감을 불러일으키는 것은 그러한 몸짓으로 난폭하게 빨아들이고 먹어치우는 반면 극히 섬세한 표피적 접촉의 영역은 터부로 남겨두는 것이다. 혐오감을 극복하는 동시에 그것을 극히 세련화시킬 것을 요청하는 도덕의 모순된 요구는 오직 이런 식으로만 충족시킬 수 있을 것이다. 살아 있는 생물체의 호소는 인간에게 혐오감을 불러일으키지만 그러한 생물체와의 동물적 관계를 부정해서는 안 될 것이다. 인간은 그러한 관계의 주인이 되어야 한다.

멕시코 대사관

> 목제 물신, 황금 불상, 멕시코 신상 앞을 지날 때마다
> 나는 독백하지 않을 수 없다.
> 이것이야말로 진짜 신일지도 모른다고.
> — 샤를 보들레르

　　탐사단의 일원으로 멕시코에 있는 꿈을 꾸었다. 고지의 원시림을 답파한 후 우리는 산맥 속의 평지보다 높은 곳에 위치해 있는 동굴들의 망을 만나게 되었다. 그곳에는 최초의 선교사들이 활동했던 시대부터 지금까지 한 교단이 존속하고 있었는데, 수도사들은 원주민들 사이에서 전도 사업을 계속하고 있었다. 얼마나 넓은지 감히 어림조차 할 수 없는 데다 천장은 고딕풍으로 뾰족이 솟은 중앙 동굴에서 아주 오래된 의식에 따라 예배가 이루어지고 있었다. 우리는 다가가서 예배의 절정을 볼 수 있었다. 즉 동굴 벽 어딘가 아주 높은 곳에 달려 있는 하느님 아버지의 목제 흉상을 향해 한 사제가 멕시코 신상을 들어 올렸다. 그러자 신의 머리가 부정의 뜻으로 세 번 오른쪽에서 왼쪽으로 움직이는 것이었다.

알리는 말씀: 우리 모두 산림을 보호합시다

무엇이 "해결되었을까?" 우리가 살아가고 있는 삶과 관련된 모든 질문은 우리의 전망을 가리고 있는 나뭇잎들처럼 아직 손도 못 댄 채 그대로 뒤에 남아 있지 않은가? 그것을 벌채하여 개간하는 것, 심지어 간벌하는 것조차 우리는 생각조차 못하고 있다. 앞으로 계속 걸어가면 숲을 뒤로 하게 되는데, 멀리서 보면 분명 숲 전체가 보이지만 뿌옇고 그림자처럼 보여 그만큼 더 수수께끼 같은 분위기에 휩싸인다.

주석과 번역이 텍스트와 맺고 있는 관계는 양식과 모방이 자연과 맺고 있는 관계와 동일하다. 즉 동일한 현상을 상이한 관찰 방법으로 바라보는 것이다. 주석과 번역은 성스러운 텍스트의 나무에게는 영원히 살랑거리는 나뭇잎에 불과하며 세속적인 텍스트의 나무에게는 제대로 익어 떨어지는 과실이다.

  사랑하는 남자는 연인의 '결점'에만, 여자의 변덕과 약점에만 애착을 갖는 것은 아니다. 얼굴의 주름, 기미, 낡아빠진 옷과 비뚤어진 걸음걸이가 모든 아름다움보다 훨씬 더 지속적으로 그리고 집요하게 그를 사로잡는다. 그것은 아주 오래전부터 알려져 있는 사실이다. 그렇다면 왜? 감각은 머릿속에 둥지를 트는 것이 아니며 우리는 창문, 구름, 나무를 뇌가 아니라 오히려 우리가 그것을 보는 장소에서 느낀다는 설이 있는데, 그러한 주장이 옳다면 우리는 애인을 바라볼 때도 우리 외부에 있게 된다. 하지만 고통스러울 정도로 긴장하며 완전히 마음을 빼앗긴 채. 현혹된 우리의 감각은 여자의 광휘 속을 새들 무리처럼 빙빙 돈다. 그리고 새들이 잎이 무성한 나무의 은신처에서 보호처를 찾듯이 온갖 감각은 애인의 육체의 그늘진 주름, 품위 없는 동작, 눈에 잘 띄지 않는 결점 속으로 도피해 그곳에서 안전하게 은신처에 몸을 숨긴다. 그리고 그저 스쳐 지나가는 사람은 바로 이곳, 즉 결점이 있는 곳, 비난받을 만한 곳에 한 여자를 숭배하는 남자의 화살처럼 빠른 연정이 둥지를 튼다는 사실을 짐작조차 하지 못할 것이다.

건설 현장

아동용품 — 시각 교육 재료, 장난감, 책 등 — 의 제작에 대해 현학적으로 골몰하는 것은 어리석은 일이다. 그것은 계몽주의 이래 교육가들이 계속해온 공론 중에서 가장 케케묵은 것 중의 하나이다. 교육가들은 심리학에 홀려 있기 때문에 이 세상에는 아이들의 주목을 끌고 그들이 갖고 놀 수 있는 온갖 비할 데 없는 물건들이 넘쳐나고 있다는 사실을 알 리가 만무하다. 딱 안성맞춤인 물건들이 말이다. 아이들은 성향상 특히 사물을 다루는 방법을 분명하게 알 수 있는 곳이라면 어디든지 쫓아가는 것을 좋아하기 때문이다. 그들은 건축, 정원 일이나 가사, 재봉이나 목공에서 발생하는 쓰레기에 끌리는 것을 어쩌지 못한다. 쓰레기로 발생한 것 중에서 아이들은 사물들의 세계가 바로 자신들에게, 자신들에게만 돌리고 있는 얼굴을 인식한다. 그것들을 이용해 아이들은 어른들의 작품을 모방하기보다 그냥 놀다가 만든 것을 통해 실로 다양한 종류의 소재 상호 간에 새로운, 비약적인 관계를 만들어낸다. 그런 식으로 그들만의 사물 세계, 커다란 사물 세계 속의 작은 사물 세계를 스스로 만들어낸다. 특히 아동용의 무언가를 만들 생각이라면 온갖 요구 사항과 도구가 필요한 어른들의 활동 방식이 그러한 세계 속에 끼어들게 하기보다는 이처럼 작은 사물 세계의 규범들을 반드시 염두에 두어야 할 것이다.

내무성

　어떤 사람이 지금까지 전해 내려온 것에 적대적일수록 그만큼 더 그는 앞으로 도래할 사회 상태의 입법 원칙으로 격상시키고 싶어 하는 기준에 본인의 사생활을 가차 없이 종속시키려고 할 것이다. 마치 아직 어떠한 곳에서도 실현되지 않은 그러한 기준들을 적어도 본인의 생활권에서는 솔선수범해 적용해야 할 의무라도 부과된 것처럼 말이다. 반면 본인이 속한 신분 혹은 민족의 최고最古의 전승과 조화롭게 살아가고 있다고 생각하는 사람은 종종 사생활을 공적 생활에서는 철저하게 신봉하고 있는 원칙들과 여봐란 듯이 대립시키면서, 본인의 행동에 대한 일말의 양심의 가책도 없이 남몰래 그러한 행동은 자기가 체현하고 있는 원칙들의 흔들리지 않는 권위를 가장 강력하게 증명하는 것이라고 자부한다. 무정부-사회주의 유형과 보수주의 유형의 정치가는 이런 식으로 구분된다.

깃발 ……

　이별을 고하는 사람이 〔이별을 전해 듣는 사람보다〕 얼마나 더 쉽게 사랑받는가! 멀어져가는 자에 대해 〔감정의〕 불꽃이 보다 순수하게 타오르기 때문이다. 그것은 배 또는 기차의 창문에서 이쪽을 향해 흔드는, 덧없이 사라지는 손수건으로 인해 계속 꺼지지 않고 타오른다. 이별이 사라져가는 자에게 색소처럼 스며들어 그를 부드러운 홍조로 물들인다.

…… 조기 위치에

우리와 아주 가까운 사람이 죽어가고 있으면 이후 몇 달 안에 아무리 그것을 우리가 그와 함께하기를 바랐더라도 — 오직 그의 부재에 의해서만 발생할 수 있는 어떤 일(우리는 그것을 어렴풋이 감지할 수 있다)이 일어나게 된다. 마침내 우리는 그는 이미 이해하지 못하는 말로 그에게 인사를 하게 된다.

카이저 파노라마관[1]

독일 인플레이션 일주 여행[2]

I. 우매함과 비겁함이 하나로 단단히 결합되어 있는 독일 시민의 삶의 방식을 분명하게 드러내주고 있는 예의 그 엄청난 표현 중에서도 임박한 파국에 관한 표현은 ── "사태가 이대로 계

---

1) 『베를린의 어린 시절』의 「카이저 파노라마관」을 참조하라. 이 오락 시설에서 일종의 여행 기분을 맛볼 수 있었던 것은 아래의 '독일 인플레이션 일주 여행'이라는 제목과 관련되어 있는 것처럼 보인다. 벤야민은 1923년 초반경에 독일 각지를 여행했는데 그것이 이 인플레이션 기행을 쓰게 되는 계기가 되었던 것 같다. 더욱이 인플레이션은 이해에 접어들면서 맹렬한 기세로 진행되어갔는데, 11월 새 지폐의 발행에 의해 종식되었다.
2) 이 글은 벌써 1914년, 즉 제국 정부가 재정적 파산을 몰고 올 일련의 조치들을 통해 전쟁 준비 자금을 마련하고 있던 시기에 시작되었다. 바이마르 공화국 초기 이제 막 태어난 민주주의가 온갖 사회적·정치적 문제들이 가하는 압박, 전쟁 배

속 진행되지는 않겠죠"³⁾ — 특히 한번 자세히 고찰할 만하다. 지난 수십 년 동안 안전하다, 그래도 뭔가를 소유하고 있다는 관념에 속수무책으로 매달려왔기 때문에 보통 사람들은 현재 상황의 기저에 자리 잡고 있는 전혀 새로운 종류의 매우 주목할 만한 안정성을 지각하지 못하고 있다. 전쟁〔제1차세계대전〕전의 상대적 안정성이 유리했기 때문에 그는 가진 것을 빼앗는 상태는 모두 불안정한 것으로 간주해야 한다고 생각한다. 그러나 안정적 상황이 쾌적한 상황일 필요는 결코 없으며, 심지어 이미 전쟁 전에도 안정적 상황이 안정적 비참함이었던 계층들이 있었다. 몰락은 결코 흥기보다 덜 안정적인 것도, 결코 흥기보다 더 놀라운 것도 아니다. 몰락이야말로 현재 상황의 유일한 도리라는 것을 과감하게 인정할 수 있다면 그러한 견해만이 날마다 반복되는 것에 놀라는 태도 — 이제 그렇게 놀라는 강도도 점점 줄어들고 있다 — 에서 벗어나 몰락 현상들을 안정 그 자체로 그리고 구원만을 이상한 것, 즉 기적에 가까운 불가사의한 것으로 간주할 수 있을 것이다. 중부 유럽의 민족 공동체들은 마치

상금의 부담, 심각한 인플레에 직면하면서 경제 상황은 한층 더 악화되었다. 하지만 이 글에서 인플레이션을 언급하는 경우 그것은 대부분 1922년 말과 1923년의 초인플레이션, 즉 독일 경제가 근대적인 산업 국가로 진입하면서 겪은 최악의 경제 위기 중의 하나로 인해 궤멸 상태에 있던 때를 가리킨다. 도매 가격 지수를 비교 기준으로 삼아 (전쟁이 벌어지기 직전의 해인) 1913년 말을 1923년 말과 비교해보면 1913년의 독일 1마르크가 1923년에는 1,261만 마르크에 해당했다는 것을 알 수 있다.
3) 인플레이션의 파국적 진행을 지켜보면서 이러한 상태가 언제까지나 지속될 리 없다, 언젠가는 끝날 것이라는 기대를 나타낸 표현.

식료품도 탄약도 바닥나가고 있고 인간의 추론으로는 도저히 구원은 기대도 할 수 없는 포위된 도시의 주민들처럼 살고 있다. 그러한 상황에서라면 항복을, 어쩌면 무조건 항복을 아주 진지하게 고려해야만 할 것이다. 그러나 중부 유럽이 자신에 맞서고 있는 것으로 생각하고 있는 무언의 보이지 않는 힘은 교섭을 하려고 하지 않는다. 따라서 남아 있는 것이라곤 최후의 돌격을 영구히 기다리면서 그래도 아직 구원을 가져올 수 있다는 뭔가 보통이 아닌 것에 시선을 집중시키고 있는 것뿐이다. 그러나 이처럼 피할 수 없는 상태, 즉 주의력을 극도로 긴장시키고 불평 하나 없이 견디며 주목하고 있는 상태는, 우리를 포위 공격하고 있는 힘과 은밀히 접촉하고 있기 때문에 정말 기적을 가져올지도 모른다. 그에 반해 사태가 이대로 계속 진행되지는 않으리라는 기대는 어느 날 개인의 고통과 관련해서든 아니면 공동체의 고통와 관련해서든 그것을 넘어서 사태가 그렇게까지는 진행되지 않을 한계는 하나, 즉 섬멸밖에 없다는 것을 깨닫게 해줄 것이다.

II. 기이한 역설. 사람들은 행동할 때는 극히 편협한 사적 이익만을 염두에 두지만 동시에 그러한 행동에 있어 이전 어느 때보다도 더 대중적인 본능에 의해 규정되고 있다. 그리고 이 대중적인 본능은 이전 어느 때보다 미쳐 돌아가고, 삶과 무관한 것이 되어버렸다. 동물의 어두운 본능은 ― 무수한 일화가 말해주고 있듯이 ― 위험이 다가오면 보이지 않는 것처럼 보이는 탈출구를 찾아내는 반면 누구나 자기만의 저급한 안녕만 도모하고 있는 이 사회는 동물처럼 우둔하기는 하지만 동시에 동물이 가진 희미한 직관은 결여하고 있기 때문에 맹목적인 대중으로서 온갖 위험, 바로 코앞에 닥쳐온 위험에조차 희생당하게 되며, 개인들의 목표의 다양성은 개인들을 규정하는 힘들의 동일성 앞에서는 사소한 것이 되어버린다. 사회는 익숙해진, 이미 오래전에 잃어버린 삶에 어찌나 완고하게 집착하는지 지성을 진정 인간에 걸맞은 방식으로 적용시킨 것, 즉 예견이 극히 긴박한 위험에 직면한 경우에조차 도움이 되지 않는다는 것은 이미 누차 입증되어온 바 있다. 그 결과 이 사회에서 우둔함은 극한에 달한 모습을 보이고 있다. 삶에 중요한 본능에 대한 확신의 결여, 더구나 그것의 도착과 무력감. 아니 지성의 몰락. 이것이 바로 독일 시민 전체의 상태이다.

III. 친밀한 모든 인간관계는 거의 견디기 힘들 정도의 강력한 침투력을 가진 투명함에 의해 통과당하게 되면 거의 존속할 수가 없다. 왜냐하면 한편으로는 돈이 파괴적인 방식으로 모든 핵심적인 이해의 중심에 자리 잡고 다른 한편으로는 바로 그것이, 그것을 넘어서면 거의 모든 인간적 관계가 허용되지 않는 경계선이 되기 때문이다. 따라서 자연적인 본성의 영역에서나 도덕의 영역에서도 소박한 신뢰, 차분함, 그리고 건전함은 점점 더 사라져가고 있다.

Ⅳ. 흔히 '적나라한' 빈곤이라고 말하곤 하는데, 거기에는 다 그만한 이유가 있다. 그것을 사람들 앞에 드러내는 것 — 그것은 궁핍의 법칙하에서 관습이 되기 시작하며, 감추어진 고통의 천 분의 일밖에는 보여주지 않는다 — 과 관련해 가장 유해한 것은 그를 바라보는 사람 안에서 일어나는 동정심이나 그와 마찬가지로 무시무시한 '다행히 나는 아니다'라는 의식이 아니라 그의 수치심이다. 지나가는 사람들이 보기에 불편한 헐벗은 몸을 가리게 하려고 지폐를 던져주면 가난한 사람들은 굶주림 때문에 어쩔 수 없이 그러한 돈으로 생활해나가는 독일의 대도시는 살 만한 곳이 못 된다.

Ⅴ. "가난한 것은 부끄러운 일이 아니다." 지당한 말씀이다. 그러나 세상은 가난한 사람을 수치스럽게 만든다. 그렇게 만들면서 알량한 금언으로 그들을 위로한다. 이 금언은 과거에 한때 통용되다가 이미 오래전에 변질되어버린 금언 중의 하나이다. 그런 점에서 "일하지 않는 자 먹지도 말라"라는 잔혹한 금언[4]과 하등 다를 게 없다. 일하는 자를 먹여 살리는 노동이 존재했을 때는 그를 수치스럽게 만들지 않은 가난도 있었다. 흉작 등의 불운에 의해 어쩔 수 없이 그렇게 되는 경우가 그러했다. 하지만 수백만 명이나 되는 사람들을 태어나면서부터 굶주리게 만들고

---

4) 『신약 성서』, 「데살로니가 후서」, 3장 10절 참고. "우리가 너희와 함께 있을 때에도 너희에게 명하기를 누구든지 일하기 싫어하거든 먹지도 말게 하라 하였더니."

수십만 명의 사람들을 점점 더 가난 속으로 옭아매고 있는 현재의 빈곤화는 사람들을 수치스럽게 만들고 있다. 불결함과 비참함이 보이지 않는 손들에 의해 만들어진 벽처럼 그들 주위에 높이 쌓아 올려지고 있다. 인간은 혼자서는 얼마든지 참을 수 있지만 아내가 남편이 수치를 당하는 모습을 보거나 아내 자신도 당하고 있다면 수치심을 느끼는 것이 당연하듯이 개인도 자기 혼자라면 견딜 수 있는 한 최대한 견디며 감출 수 있는 한 모든 것을 감추려 한다. 하지만 가난이 거대한 그림자처럼 자신이 속한 민족과 자기 집 위를 뒤덮어버린다면 아무도 그러한 가난과는 결코 화해하려고 하지 않을 것이다. 그럴 때는 오감을 그에게 가해지는 모든 굴욕에 항상 깨어 있도록 하고, 고통이 원한의 급격한 내리막길이 아니라 반역의 오르막길을 개척할 수 있을 때까지 오감을 엄격하게 단련해야 한다. 하지만 극히 무시무시하고 암울한 온갖 운명이 날마다, 아니 시시각각 저널리즘에 의해 논의되면서 온갖 거짓 원인과 거짓 결과만이 제시되기 때문에 아무도 삶을 속박하고 있는 어두운 힘들을 인식할 수 없는 한 이곳에서 그렇게 할 수 있는 희망은 거의 없다.

VI. 독일인들의 삶의 양식을 겉으로만 관찰하는 외국인이나 이 나라를 단기간 여행한 외국인의 눈에는 이 나라 주민들이 어딘가 이국적인 인종 못지않게 기이하게 비칠 것이다. 재기 넘치는 한 프랑스인은 이렇게 말했다. "자기 자신에 대해 분명하게 알고 있는 독일인은 극히 드물다. 설령 알게 되더라도 입 밖에 내지 않을 것이다. 설령 입 밖에 냈다 하더라도 이해받기는 힘들 것이다." 이처럼 씁쓸한 차이를 전쟁이 한층 더 크게 벌려놓았는데, 단순히 실제 있었던 일이든 전설 속 이야기이든 독일인이 행했다고 보도된 파렴치한 행위 때문에만 그렇게 된 것은 결코 아니었다. 오히려 다른 유럽인들의 눈으로 볼 때 독일의 기이한 고립을 비로소 완성시킨 것, 즉 실로 다른 유럽인들로 하여금 독일인들을 보면 마치 호텐토트족[5](이것은 아주 정확한 표현이다)과 만나는 듯한 태도를 갖도록 만드는 것, 그것이 바로 국외자는 전혀 이해할 수 없으며 안에 사로잡혀 있는 사람들은 전혀 의식할 수 없는 폭력, 즉 마치 미개인들의 삶이 부족의 규범에 얽매여 있듯이 이곳의 삶의 상황, 비참함과 우매함이 이〔독일이라는〕무대 위에서 사람들을 집단〔공동체〕의 힘에 예속시킬 때의 폭력이다. 인간의 모든 성취 중 가장 유럽적인 부, 즉 정도 차는 있겠지만 저 명료한 아이러니,[6] 즉 개인이 어떤 공동체에 속하더라도 공동체의 방식과는 다른 형태로 자기 삶을 영위할 수 있도록 해주는 아이러니는 독일인들에게서는 완전히 사라지고 말았다.

VII. 자유롭게 서로 이야기를 주고받는 일이 점점 더 사라지고 있다. 이전에는 이야기를 주고받는 사람들 사이에서 상대방 이야기에 귀를 기울여주는 것이 당연했으나 지금은 상대방의

---

5) 남아프리카의 토인 부족.
6) 여기에서는 언어 표현으로서의 '반어'가 아니라 사물을 거리를 두고 보는 태도를 가리킨다.

구두나 우산 값을 물어보는 것이 그것을 대신하고 있다. 사교상의 어떠한 이야깃거리에도 삶의 상황에 관한 테마, 돈이라는 테마가 어김없이 침입해 들어온다. 이때 화제에 오르는 것은 저마다의 걱정거리와 고민 — 그렇더라면 서로 도움이 되어줄 수도 있겠지만 — 이 아니라 세상 전체를 어떻게 보는가이다. 마치 극장 안에 갇혀서 좋아하든 그렇지 않든 무대 위의 공연을 계속해서 봐야만 하고, 원하든 그렇지 않든 그것을 반복해서 사고와 이야기의 주제로 삼아야만 하는 것처럼 보인다.

VIII. 어떻게든 몰락이 감지되는 것을 피할 수 없는 사람은 지체 없이 자신이 그러한 혼돈 속에 머무르며, 활동하고 게다가 관여하고 있는 것에 대한 특수한 방식의 정당화를 주장하는 태도로 이행하게 될 것이다. 이어 전반적인 실패에 관한 실로 많은 통찰만큼이나 본인의 활동 범위, 주거지와 현황에 관해 그만큼의 많은 예외를 인정하려 한다. 개인적 실존이 무기력하기 짝이 없고 또 온갖 얽매임에 휘말려 들어가 있는 상태에 초연한 태도로 대처함으로써 최소한 이 실존을 사방에 만연해 있는 현혹이라는 배경으로부터 빼내려는 생각조차 없이 그저 그러한 실존의 위신을 구하려는 맹목적 의지만이 거의 모든 부분에서 관철되고 있는 것이다. 세상의 공기가 온갖 '삶의 이론'과 '세계관'으로 가득 차 있고, 이 나라에서 그러한 것들이 그토록 주제넘은 짓을 하는 것은 결국 그것들이 거의 언제나 무언가 하찮기 그지없는 사적인 상황을 재가해주는 데 이용되기 때문이다. 그리고 바로 그와 똑같은 이유에서 만난萬難에 굴하지 않고 문화적 미래가 하룻밤 사이에 만개한 모습으로 갑자기 나타날 것이라는 환상과 신기루가 세상에 넘쳐나고 있는데, 누구나 자신의 고립된 입장이 만들어낸 착시에 묶여 있을 수밖에 없기 때문이다.

IX. 이 나라의 테두리 안에 갇혀 있는 사람들은 인간다운 인격의 윤곽을 포착할 수 있는 시선을 잃어버리고 말았다. 그들 눈에 모든 자유인은 기인奇人처럼 보인다. 고지 알프스 산계를 떠올려보면 좋을 것이다. 단 하늘을 배경으로 우뚝 솟아 있는 모습이 아니라 검은색 천의 주름들 뒤로 비친 모습을. 강력한 형태들도 아주 흐릿하게 보일 것이다. 바로 이런 식으로 무거운 커튼이 독일의 하늘 앞을 가로막고 있어 심지어 가장 위대한 사람들의 윤곽들조차 더이상 볼 수 없게 되었다.

X. 사물들에서 온기가 사라져가고 있다. 일상적으로 사용되는 물건들이 인간을 가만히, 그러나 단호히 뿌리치고 있다. 요컨대 매일 물건들이 나타내는 은밀한 저항 — 공공연한 저항은 두말할 필요가 없을 것이다 — 을 극복하기 위해 우리는 엄청난 양의 노동을 하고 있다. 그것들을 만지는 손가락 끝이 마비되지 않도록 차가운 냉기를 몸의 온기로 상쇄시켜야만 하며, 물건들에 찔려서 피가 나는 일이 없도록 그것들이 갖고 있는 가시를 극히 요령 있게 다루어야 한다. 다른 사람에게는 어떠한 도움도 기대하지 않는 편이 낫다. 차장, 공무원, 직공들, 점원 — 이들은

모두 반항적인 물질세계의 대변자라는 자각을 갖고 있으며, 그러한 세계의 위험성을 무뚝뚝함을 통해 분명하게 나타내려고 기를 쓴다. 그리고 심지어 국토조차 이러한 사물의 퇴폐화 — 사물들은 이러한 퇴폐화를 통해 인간을 몰락시킴으로써 인류를 벌하고 있다 — 와 결탁하고 있다. 사물과 마찬가지로 국토도 우리를 갉아먹고 있으며, 독일의 봄이 영원히 찾아오지 않는 것은 붕괴 중인 독일의 자연의 수없이 많은 연관 현상 중의 하나에 불과하다. 이러한 자연 속에서 사람들은 마치 모든 사람이 지탱하고 있는 공기주柱의 무게가 갑자기 모든 법칙에 반해 이 나라 전역에서 체감 가능하게 된 것처럼 살고 있다.

XI. 인간의 모든 운동 — 정신적인 충동에서 유래하는 것이든 아니면 자연적〔본성적〕 충동에서 유래하는 것이든 상관이 없다 — 의 전개에 대해 환경이 무제한으로 저항할 것이라는 통고가 전해졌다. 주택난과 교통비 상승이 심지어는 중세 이후 이런저런 형태로 존재해왔던 유럽적 자유의 기본적 상징들, 예를 들어 주거의 자유를 완전히 소멸시키고 있다. 그리고 중세적 강제가 인간을 온갖 자연적 집단에 묶어놓았다면 오늘날의 인간은 비자연적인 공동성에 쇠사슬로 묶여 있다. 주거의 자유에 대한 압박만큼 지금 사방에 만연하고 있는 방랑욕이라는 불길한 힘을 강화시켜주는 것도 없을 것이다. 그리고 이주의 자유가 풍부한 이동 수단과 이토록 커다란 불균형을 이룬 적도 일찍이 없었을 것이다.

XII. 모든 사물이 부단히 뒤섞이고 오염되는 과정에서 본질적 특징을 잃고 애매한 것이 고유한 것을 대체하듯이 도시도 마찬가지이다. 대도시는 사람들을 안심시키고 자신감을 심어주는 비할 데 없는 힘을 갖고 있지만 그것으로 안에서 사물을 창조하는 사람들을 일종의 성 안의 평화 속에 가두어버리며, 또한 지평선의 출현과 함께 점점 더 각성되어가는 근원적 힘〔자연력〕도 의식하지 못하도록 만들고 있다. 그러나 지금 그러한 대도시가 사방에서 침입해 들어오고 있는 전원에 의해 벽이 뚫리고 있는 모습이 보이고 있다. 풍경이 아니라 야외의 자연이 가진 가장 가혹한 것, 즉 경작지, 국도, 〔가로등이나 네온으로〕 빨갛게 떨리는 공기층으로는 더이상 덮이지 않는 밤하늘에 의해서 말이다. 심지어 사람들로 북적거리는 구역에서조차 느껴지는 불안정이 도시 주민들을 불투명하고 극도로 소름 돋게 만드는 상황, 쓸쓸한 평지에 있는 온갖 불쾌한 것들 사이에서 도시의 건축 구조상 유산流産된 것들을 받아들이지 않을 수 없는 상황 속으로 철저히 밀어 넣어버렸다.

XIII. 부와 빈곤의 영역에 대한 고귀한 무관심이 제조된 물건들로부터 완전히 사라졌다. 모든 물건은 소유자에게 상표를 붙이며, 소유자에게는 가난한 자로 보일지 아니면 악덕 상인으로 보일지 둘 중의 하나의 선택밖에 남아 있지 않다. 왜냐하면 진짜 사치는 정신과 사교성이 거기에 침투하면 그것이 사치품이라는 것이 잊혀지도록 하는 것인 반면 지금 우리 눈앞에서 한창 빼기고 있는 사치품들은 어찌나 뻔뻔하게 견고함을 과시하는지 그것과 부딪히면 어떠한 정신의 광휘도 부서져 산산조각 날 것이기 때문이다.

XIV. 여러 민족들의 최고最古의 관습들은 우리에게 하나의 경고 같은 것을 보내고 있는 것처럼 보인다. 즉 우리가 자연으로부터 너무나 풍부하게 받고 있는 것을 받을 때는 욕심 부리는 행동은 삼가도록 주의하라는 것이 그것이다. 왜냐하면 우리가 갖고 있는 것 중 어머니 대지에게 줄 수 있는 것은 하나도 없기 때문이다. 따라서 받을 때는 마땅히 우리가 매일 받는 것 중에서 일부를 우리 몫을 취하기 전에 먼저 대지에 반환함으로써 경외의 마음을 표하는 것이 당연하다. 이 경외의 마음은 신에게 술을 바치는 오랜 관습에 나타나 있다. 아니, 어쩌면 땅에 떨어진 벼이삭이나 포도를 주워 담아서는 안 된다는 계율[7] 속에서조차 이 태곳적의 규범적인 경험이 변형된 채로 보존되어 있을지도 모른다. 그것들이 대지나 축복을 베풀어준 조상들에게 도움이 되기 때문이다. 고대 아테네의 관습에서는 식사 때 빵 부스러기를 줍는 것이 금지되어 있었다 — 그것은 반신半神[8]의 것이라는 이

---

7)『구약 성서』,「레위기」, 19장 9∼10절(여호와가 모세에게 내린 율법)을 참조하라. "너희가 너희의 땅에서 곡식을 거둘 때에 너는 밭 모퉁이까지 다 거두지 말고 네 떨어진 이삭도 줍지 말며 네 포도원의 열매를 다 따지 말며 네 포도원에 떨어진 열매도 줍지 말고 가난한 사람과 거류민을 위하여 버려두라. 나는 너희의 하나님 여호와이니라."
8) 헤로스를 가리킨다.

유에서. 사회가 곤궁과 탐욕 때문에 어찌나 퇴폐해가고 있는지 자연의 은혜를 강탈하듯이 해서만 얻을 수 있게 되었으며, 가격이 유리할 때 시장에 내다 팔기 위해 아직 충분히 익지도 않은 과일을 따며, 단지 배를 채우기 위해서만 접시의 음식을 모두 먹어치우고 있다. 그렇게 되면 이 사회의 토양은 척박해지고 토지는 흉작을 초래할 것이다.

지하 공사

꿈속에서 황량한 땅을 보았다. 바이마르의 마르크트 광장[1]이었다. 발굴이 이루어지고 있었다. 나도 모래를 조금 파보았다. 그러자 교회의 탑 끝이 나왔다. 너무 기쁜 나머지 나는 그것이 프리애니미즘 시대,[2] 즉 Anaquivitzli 시대의 멕시코의 성전이라고 생각했다. 나는 웃으면서 잠에서 깼다(Ana=$\dot{\alpha}\nu\dot{\alpha}$[3]; vi=vie[4]; witz[5]=멕시코 교회[!]).

1) 바이마르의 중심에 위치한 시의 광장. 주위에는 르네상스 양식의 건물이 늘어서 있었지만 1945년에 파괴되었다.
2) 멕시코에서 현지 조사를 실시해 프리애니미즘을 주장한 독일의 문화인류학자 K. Th. 프로이스(1869~1938년)에게 벤야민은 관심을 갖고 있었다.
3) 그리스어로 '…… 위에'.
4) 프랑스어로 '삶, 생'.
5) 독일어로 '재치, 기지, 풍자'.

까다로운 숙녀 분을 위한 미용사

쿠담[1]에 사는 신사 숙녀 3천 명을 어느 날 아침 아무 말도 없이 침대에서 그대로 체포해 24시간 구류해보는 것이다. 그런 다음 한밤중에 각 감방에 사형에 관한 앙케트 용지를 나눠 주고 서명하게 한 다음 만약 사형에 처해진다면 개인적으로 어떤 처형 방법을 선택할 것인가를 적게 해보자. 지금까지는 아무런 요청도 없이 그저 '최선의 양심에 따라' 발언하는 데 익숙해져 있던 사람들이 이제 격리 상태에서 '최선의 지식에 따라'[2] 문서에 기입해야 하는 것이다. 옛날에는 신성시되었지만 이 나라에서는 사형 집행인의 손에 맡겨져 있는 사형 문제는 새벽녘이 되기도

---

1) Kurfurstendamm, 베를린 서구 최고最古의 대로.
2) '최선의 지식과 양심에 따라' ('어느 것 하나 감추지 않고', '성심성의')라는 관용구를 일부러 두 개로 나누었다.

전에 이미 해결되어 있을 것이다.

계단 주의!

좋은 산문을 쓰는 작업에는 세 단계가 있다. 구성을 생각하는[1] 음악적 단계, 조립하는 건축적 단계, 그리고 마지막으로 짜맞추는 직물적[2] 단계.

1) komponieren. '작곡하는' 이라는 뜻도 갖고 있다.
2) 참고로 '텍스트(Text)'는 원래 '직물'을 의미했다.

공인 회계사

우리 시대는 르네상스 일반과, 특히 서적 인쇄술이 발명되었을 때의 상황과 대조를 이루고 있다. 즉 우연이든 그렇지 않든 독일에 인쇄술이 출현한 것은 가장 탁월한 의미에서의 책, 책 중의 책[성서]이 루터[1]의 번역에 의해 민중의 재산이 되었던 때였다. 그런데 지금 이러한 종래 형태의 책이 종언을 향하고 있다는 것은 모든 증거로 미루어 볼 때 아주 분명해 보인다. 분명히 전통주의적인 글의 결정結晶 구조 속에서 미래에 도래할 것의 진정한 이미지를 간파한 말라르메[2]가 「주사위 던지기」[3]에서 처음으로 광고의 그래픽적인 긴장을 인쇄된 페이지(Schrift-bild〔문자

1) 1483~1546년. 독일의 종교 개혁가.
2) 1842~1898년.
3) 1897년.

이미지])로 가공한 바 있다. 이후 다다이스트들이 시도한 타이포 실험들은 구성 원리들이 아니라 이들 문인들의 정확한 신경 반응에서 출발했다. 따라서 본인의 문체의 내적인 성격 자체에서부터 자라 나오는 말라르메의 실험보다 훨씬 더 단명할 수밖에 없었다. 하지만 바로 그것을 통해 말라르메가 마치 모나드처럼 완전히 닫힌 방 안에 머물면서 경제, 기술, 공적 생활에 있어 우리 시대에 일어난 모든 결정적인 사건들과의 예정 조화 속에서 발견한 것의 당대적 적합성을 인식할 수 있었다. 즉 인쇄된 책 속에서 자율적인 삶을 영위할 수 있는 하나의 피난처를 발견했던 문자는 지금은 광고에 의해 인정사정없이 거리로 내쫓겨나 경제적 혼돈에 의한 잔혹한 타율성에 복종하고 있다. 바로 그것이 문자의 새로운 형식에 주어진 엄격한 교육 과정이다. 수세기 전에 문자가 몸을 누이기 시작해 수직으로 서 있는 비문에서 경사진 책상 위에 비스듬히 누워 있는 원고가 되고 결국에는 인쇄된 책이라는 침대에 눕게 되었다고 한다면 지금 문자는 전과 마찬가지로 천천히 다시 자리에서 몸을 일으키기 시작하고 있다. 이미 신문은 수평으로 놓고 읽는다기보다는 똑바로 세운 상태로 읽혀지며, 영화와 광고는 문자에게 완전히 독재적인 수직 상태로 있을 것을 강요한다. 그리고 현대인들이 책이라도 한번 펼쳐볼라 치면 벌써 활자들의 눈보라가 어찌나 자유자재로 변화하고 다채로운 모습으로 서로 다투며 눈앞을 가리는지 책이 가진 태곳적부터의 고요함 속으로 들어갈 수 있는 기회는 아주 희박해진다. 메뚜기 떼 같은 문자가 오늘날 대도시 사람들이 지식인들이라고 오인하고 있는 태양을 어둡게 만들고 있는데,[4] 그것은 앞으로 해가 갈수록 짙어져갈 것이다. 직업 생활에 따른 그 밖의 다른 요구들이 사태를 한층 더 진전시키고 있다. 카드식 색인은 삼차원적 글쓰기에 대한 정복을 획劃하는 것으로, 따라서 〔고대 게르만의〕 룬 문자 또는 〔고대 잉카인들의〕 결승結繩 문자라는 근원적 형태로 문자가 갖고 있던 삼차원성에 대해 놀라운 대조를 보여주고 있다(그리고 오늘날 이미 책은 현재의 학문 생산 방식이 잘 보여주고 있듯이 두 개의 상이한 색인 분류 시스템을 낡아빠진 방식으로 매개하고 있는 것에 불과하다. 왜냐하면 모든 본질적인 것은 책을 저술하는 연구자의 카드 박스에 들어 있으며, 그것을 연구하는 학자는 그것을 자기의 카드 파일에 넣기 때문이다). 하지만 문자의 발전이 향후 무한대로 카오스적인 학문 활동과 경제 활동을 위한 세력 확대 요구와 결합하는 일은 없을 것이며, 오히려 양이 질로 전화하고, 점점 더 새롭고 기괴한 이미지성〔조형성〕이라는 그래픽적 영역으로 점점 더 깊이 파고들어 가던 문자가 일거에 적절한 사상의 내실(Gehalt)을 거머쥐는 순간이 도래하리라는 것은 의심의 여지가 없다. 그때 원시 시대와 마찬가지로 가장 먼저 그리고 무엇보다 먼저 문자에 정통한 사람이 되어 있을 시인들이 이러한 이미지 문자(Bilder-schrift〔그림 문자, 상형

---

[4] 『신약 성서』, 「요한 계시록」, 9장 2~3절에서 유래하는 이미지. "저가 무저갱을 여니 그 구멍에서 큰 풀무의 연기 같은 연기가 올라오매 해와 공기가 그 구멍의 연기로 인하여 어두워지며 또 황충이 연기 가운데로부터 땅 위에 나오매 저희가 땅에 있는 전갈의 권세와 같은 권세를 받았더라."

문자])에 가담할 수 있는 것은 오로지 그들이 (전혀 주제넘지 않게) 이 이미지 문자가 구성되는 영역들을 개척하는 경우뿐이다. 여기서 말하는 영역들이란 통계적·공학적 다이어그램의 영역들을 가리킨다. 국제적인 변전變轉 문자를 창시함으로써 시인들은 민족들의 삶에서 그들이 차지하고 있는 권위를 새롭게 하고, 수사법의 혁신에 대한 열망들은 모두 시대에 뒤처진 몽상이라는 것을 드러내주는 역할을 발견하게 될 것이다.

교재

대저大著의 원리들 또는 두꺼운 책의 집필 요령

I. 서술하는 내내 질질 끌면서 요설에 가까울 정도로 원래 구상에 대한 설명을 끼워 넣을 것.

II. 각각의 규정이 이루어지고 있는 곳 말고는 더이상 책 어디에도 나오지 않는 개념들을 위한 용어를 도입할 것.

III. 본문에서 어렵게 이루어진 개념 구별도 해당 부분의 주석에서는 다시 애매하게 할 것.

IV. 일반적인 의미로만 다루어지고 있는 개념들에 대해서도 예를 들 것. 예를 들어 기계에 대해 이야기할 때는 모든 종류의 기계를 일일이 열거할 것.

V. 어떤 대상에 대해 모든 것이 선험적으로 확실한 것으로

알려져 있다 하더라도 풍부한 예를 들어 확증할 것.

　Ⅵ. 그림으로 표현할 수 있는 관계들도 말로 상술할 것. 예를 들어 계통수系統樹로 표시하는 대신 모든 혈연관계를 열거하고 묘사할 것.

　Ⅶ. 복수의 논적이 동일한 논거를 사용하고 있더라도 하나하나 따로따로 반론할 것.

　우리 시대 학자들의 평균적인 저작은 카탈로그처럼 읽히도록 되어 있다. 하지만 실제로 언제 책을 카탈로그처럼 쓰게 될까? 조악한 내용이 그런 식으로 외형에까지 파고드는 것이라면 뛰어난 저작물이, 즉 다양한 의견들의 가치가 숫자로 표시되지만 그렇다고 그러한 의견들을 팔려고 내놓는 것은 아닌 그러한 저작물이 태어날 것이다.

　타자기가 언젠가 문인들의 손을 펜대와 무관한 것으로 만든다면 그것은 오직 활판 조판의 정밀함이 책에 대한 구상 속에 직접 개입해 들어갈 때일 뿐일 것이다. 아마도 그렇게 되면 서체를 좀더 자유롭게 변화시킬 수 있는 새로운 시스템이 필요해질 것이다. 그것은 유연한 손놀림을 대신해 명령하는 손가락에 의한 신경 자극을 출현시킬 것이다.

　운문으로 구성되고 단지 뒤의 한 부분에서만 리듬을 흐트러뜨리는 복합문은 우리가 생각할 수 있는 한 가장 아름다운 산문을 만들어낸다. 이런 식으로 연금술사의 방의 벽에 있는 작은 갈라진 틈을 통해 한 줄기 빛이 들어와 각종 결정結晶, 구슬, 삼각형을 반짝이게 하는 것이다.

독일인들이여, 독일 맥주를 마시자!

세련되지 못한 대중[愚衆]은 정신적 삶에 대한 광적인 증오에 사로잡혀 있다. 그들은 그러한 삶을 섬멸시킬 수 있는 확실한 길을 육체의 수량화 속에서 찾았다. 조금이라도 기회가 주어진다면 그들은 열을 이루어 연속적인 집중 포화 속으로, 그리고 백화점으로 돌진하듯이 행진해 갈 것이다. 누구도 앞에 있는 사람의 등보다 더 앞에 있는 것은 볼 수 없으며, 모든 사람이 그런 식으로 뒤따르고 있는 사람에게 모범이 되는 것을 자랑으로 삼고 있다. 남자들은 전장에서 수백 년 전부터 그것을 훤히 알고 있었지만 빈곤의 퍼레이드 행진, 길게 줄을 서는 것은 여자들이 발명한 것이다.

벽보 부착 금지!

작가의 기술에 관한 13개의 테제

I. 뭔가 큰 작품을 쓰려는 사람은 여유를 가질 것. 일정한 분량을 마친 후에는 글쓰기의 진행에 방해가 되지 않는 한 자신에게 모든 것을 허용할 것.

II. 원한다면 지금까지 쓴 것에 대해 다른 사람에게 말해도 좋지만 아직 진행 중인 글은 다른 사람에게 읽어 들려주지는 말 것. 그것을 통해 얻게 될 모든 종류의 만족감은 너의 템포를 늦출 것이다. 이 〔식이〕 요법을 따른다면 자기 글을 보여주고 싶은 점증하는 욕망은 결국 완성을 위한 모터가 될 것이다.

III. 작업 환경에서 일상생활의 이도 저도 아닌 상태를 피하도록 노력할 것. 맥 빠진 소음을 동반한 어중간한 고요함은 〔오히려] 품위를 떨어뜨릴 뿐이다. 그에 반해 연습곡이나 왁자지껄 떠드는 사람들의 목소리가 동반되는 경우 그것은 뚜렷하게 지각할 수 있는 밤의 적막만큼이나 글쓰기에 중요할 수 있다. 한밤의 적막이 내면의 귀를 날카롭게 한다면 전자는 글 쓰는 방법의 시금석이 된다. 그것이 아주 풍요로워지면 어떤 기괴한 소음조차도 안에 묻혀버리게 된다.

IV. 아무것이나 집필 도구로 사용하는 것을 피할 것. 특정한 종이, 특정한 펜, 특정한 잉크를 까다로울 정도로 고수하는 것은 유익한 일이다. 그것은 사치가 아니다. 오히려 그러한 용구를 풍부하게 갖추어놓는 것은 없어서는 안 될 요소이다.

V. 떠오르는 어떠한 생각도 모르게(incognitio) 지나가도록 하지 말 것. 메모장에 노트를 할 때는 관청들이 외국인 등록부를 기록할 때처럼 엄격하게 할 것.

VI. 너의 펜이 떠오르는 착상에 대해 까다롭게 굴도록 할 것. 그러면 펜은 자석과 같은 힘으로 그것들을 자기 쪽으로 끌어당길 것이다. 그때그때마다 떠오르는 생각을 기록하는 데 있어 신중하면 할수록 그만큼 더 그것은 한껏 펼쳐진 채 네 앞에 나타날 것이다. 말[이야기]은 생각을 정복하지만 문자[글쓰기]는 생각을 지배한다.

VII. 더이상 아무것도 떠오르지 않는다는 이유로 결코 글쓰기를 멈추지 말 것. 어떤 일정(식사 시간, 선약)을 지켜야 하거나 아니면 작품을 끝마쳤을 때만 중단하는 것이 문학적 명예의 준칙이다.

VIII. 더이상 아무런 영감도 떠오르지 않는다면 그동안 쓴 것을 깨끗이 정서할 것. 그러는 동안에 직관이 깨어나게 될 것이다.

IX. *Nulla dies sine linea*[단 한 줄이라도 글을 쓰지 않고 보내는 날이 없도록 할 것][1] — 하물며 몇 주일씩이나 그렇게 해서는 안 된다.

X. 저녁부터 꼬박 다음 날이 밝아올 때까지 매달려보지 않은 어떤 글도 결코 완벽하다고 간주하지 말 것.

XI. 작품의 결말은 평상시에 일하던 방에서 쓰지 말 것. 거기서는 그렇게 할 용기가 나지 않을 것이다.

XII. 집필의 단계들 — 생각, 문체, 집필. 정서淨書라는 고정 행위에서는 이미 주의력이 글자의 아름다움으로만 향하게 된다. 이것이 정서의 의미이다. 생각은 영감을 죽이고 문체는 생각을 속박하며 집필은 문체에 보수를 지불한다.

XIII. 작품은 구상의 데스마스크이다.

속물들에게 맞서기 위한 13개의 테제

(예술 비평의 개인 사무실에 있는 속물. 왼쪽에는 아이가 그린 그

---

1) 고대 로마의 박물학자인 플리니우스(대 플리니우스, 23~79년)가 『자연지』, XXXV에서 기원전 4세기의 그리스 화가 아펠레스에 대해 서술한 말에서 유래하는 성구.

림 한 장, 오른쪽에는 물신.
  속물: "피카소라도 짐을 싸는 게 낫겠는 걸.")

I. 예술가는 작품을 만든다.

II. 예술 작품은 단지 우발적으로만 다큐멘트가 될 뿐이다.

III. 예술 작품은 명장의 작품(Meisterstück)이다.

IV. 예술가는 예술 작품에서 기법을 배운다.

V. 예술 작품은 완성에 의해 서로에게서 멀어진다.

VI. 내용과 형식은 예술 작품에서는 하나이다. 즉 내실(Gehalt).

VII. 내실이란 시험을 마친 것이다.

VIII. 예술 작품에서 소재는 고찰에 의해 내동댕이쳐진 밸러스트〔바닥짐〕이다.

IX. 예술 작품에서는 형식 법칙이 중심적(zentral)이다.

원시인〔소박한 사람〕은 다큐멘트 속에서 자기를 표현한다.

어떠한 다큐멘트도 그 자체로서는 예술 작품이 아니다.

다큐멘트는 교재로 사용된다.

다큐멘트 앞에서 공중은 교육받는다.

소재적인 것과 관련해서는 모든 다큐멘트가 상통하는 면이 있다.

다큐멘트에서는 소재가 시종일관 지배한다.

소재란 꿈에서 본 것이다.

다큐멘트 안에서 깊숙이 헤매면 헤맬수록 한층 더 농밀해지는 것이 소재이다.

형식들은 단지 다큐멘트 속에 흩어져 있을 뿐이다.

X. 예술 작품은 종합적이다. 즉 발전소(Kraftzentrale〔힘의 중심〕)이다.

XI. 반복적으로 보여지면 예술 작품은 힘을 더한다.

XII. 작품의 남자다움은 공격에 있다.

XIII. 예술가는 내실(內實)의 정복에 나선다.

다큐멘트가 풍부해지려면 분석이 필요하다.

다큐멘트는 경악에 의해서만 압도한다.

다큐멘트의 천진난만함은 다큐멘트에 방어막을 마련해준다.

원시적〔소박한〕 인간은 소재를 방패로 삼는다.

비평가의 테크닉에 관한 13개의 테제

I. 비평가는 문학 투쟁의 전략가이다.

II. 당파에 가담할 수 없는 자는 침묵해야 한다.

III. 비평가는 과거의 예술사의 이런저런 시기를 해설하는 사람과는 무관하다.

IV. 비평은 예술가의 언어로 말해야 한다. 왜냐하면 동인들이 사용하는 개념들은 슬로건이기 때문이다. 그리고 오직 슬로건 속에서만 투쟁의 우렁찬 외침이 울려 퍼질 수 있다.

V. '객관성(Sachlichkeit)'은 항상 당파 정신을 위해 희생되어야만 한다. 투쟁의 초점이 되고 있는 사항이 그럴 만한 값어치

가 있다면 말이다.

VI. 비평은 도덕적 사안이다. 괴테가 횔덜린과 클라이스트를, 베토벤과 장 파울[2]을 오해했다면 그것은 괴테의 예술 이해가 아니라 그의 도덕과 관련된 것이다.

VII. 비평가에게 있어서는 동료들이 상급심이다. 공중이 아니다. 더 나아가 후세는 더더욱 아니다.

VIII. 후세는 잊거나 칭송하거나 둘 중의 하나이다. 비평가만이 작가의 면전에서 판결을 내린다.

IX. 논쟁이란 책에 들어 있는 불과 몇 개의 문장으로 책 전체를 없애버리는 것을 의미한다. 더 적게 연구하면 할수록 그만큼 더 좋다. 책을 없애버리려는 자만이 비평할 수 있다.

X. 진짜 논쟁을 하려면 책을 상대로 마치 식인종이 어린아이를 잡아먹을 준비를 할 때처럼 정성을 다해야 한다.

XI. 예술에 열광하는 것은 비평가와는 무관하다. 그의 손 안에서 예술 작품은 정신들의 투쟁 속에서 번뜩이는 칼이다.

XII. 비평가의 기술(Kunst)의 핵심. 생각은 드러내지 말고 슬로건을 분명히 하라. 부적절한 비평이 내세우는 슬로건은 사상을 유행에 싼값에 팔아넘기고 만다.

XIII. 항상 대중이 틀렸다는 것이 입증되도록 해야 하지만 동시에 항상 비평가가 그들을 대변해주고 있다고 생각하도록 해

---

2) 장 파울 리히터(Jean Paul Richter, 1763~1825년)는 판타지와 리얼리즘을 결합해 일련의 기발하고 상상력이 풍부한 소설을 썼다.

야 한다.

13번지

> 13 — 이 숫자에 집착하는 것에 나는 잔혹함 같은 것을 느꼈다.[1]
> — 마르셀 프루스트

> 책이 처녀인 채로 접혀 있는 채 지금 어느 희생 제의, 이전의 여러 책들의 빨간 테두리에 피를 흘리게 했던 제의를 기다리고 있다 — 획득한 것을 확실히 하기 위한 한 자루의 칼, 즉 페이퍼나이프의 삽입을.[2]
> — 스테판 말라르메

I. 책과 매춘부는 침대로 끌어들일 수 있다.

II. 책과 매춘부는 시간을 헷갈리게 만든다. 밤을 낮처럼, 낮을 밤처럼 지배하는 것이다.

III. 겉모습만 보아서는 책과 매춘부에게 있어서는 1분 1초가 중요하다는 것을 누구도 알 수가 없다. 하지만 좀더 가까운 관계에 놓이게 되면 그때서야 비로소 이 둘이 얼마나 서두르고 있는지를 알 수 있다. 우리가 몰입하고 있는 동안 그들은 수를 센다.

---

1) 프루스트(1871~1922년)의 『잃어버린 시간을 찾아서』(1913~1927년) 중에 다음과 같은 문장이 있다. "그리고 또 한 명의 이름을 떠올렸다. 이것으로 13명이 되었다. 이때 나는 13이라는 숫자에 집착하는 것에 어린아이 같은 잔혹함 같은 것을 느꼈다"(「소돔과 고모라」, 2장). 참고로 '잔혹함cruauté'은 최근 교정판(플레야드 신판, 1988년)에서는 '공포 crainte'로 정정되었다.
2) 「책, 정신의 악기」(1895년)에서 인용.

Ⅳ. 책과 매춘부는 예로부터 서로에 대해 불행한 애정을 품고 있다.

Ⅴ. 책과 매춘부 — 양자에게는 저마다 이들을 갈취하고 괴롭히는 남자들이 달라붙어 있다. 책에는 비평가들이.

Ⅵ. 공공건물[3] 안에 있는 책과 매춘부 — 학생용.

Ⅶ. 책과 매춘부 — 이들의 최후를 이전 소유자가 지켜보는 경우는 거의 드물다. 책과 매춘부도 죽기 전에 모습을 감추기 십상이다.

Ⅷ. 책과 매춘부는 지금까지의 자기 신상에 관한 이야기를 새빨간 거짓말로 꾸며내는 것을 아주 좋아한다. 실제로는 본인들도 잘 기억하지 못하는 경우가 많다. 사람들은 몇 년씩이나 '사랑 때문에' 이들이 가는 곳이면 어디든 쫓아다니지만 어느 날 그저 '인생을 연구하기 위해' 얼쩡거렸던 곳에서 비만한 몸(Korpus)[4]이 되어 손님을 기다리고 서 있는 이들을 보게 된다.

Ⅸ. 책과 매춘부는 진열될 때 등을 보이는 것을 좋아한다.

Ⅹ. 책과 매춘부는 많은 후손을 만든다.

Ⅺ. 책과 매춘부 — "신앙심 깊은 늙은 여자도 젊었을 때는 매춘부."[5] 지금 젊은이들의 필독서가 되어 있는 책 중 얼마나 많은 것이 과거에는 악평을 받았던가!

---

3) '공공건물'이란 통상 '창녀촌'을 의미하는 완곡한 표현. '도서관'이라는 의미도 갖고 있다.
4) Korpus(여기에서는 중성 명사)에는 '작품'이라는 의미도 있다.
5) 독일 속담.

XII. 책과 매춘부는 사람들 면전에서 〔말〕싸움을 벌인다.

XIII. 책과 매춘부 —— 전자의 각주脚注⁶⁾가 후자에게는 양말 속의 돈.

6) 원어 Fußnoten의 Fuß는 '발' 이며, Noten에는 '은행권' 의 의미도 있다. 즉 '양말 속의 돈' 이라는 말놀이.

무기와 탄약

    나는 여자 친구[1]를 방문하기 위해 리가에 도착했다. 그녀의 집도 도시도 언어도 미지의 것이었다. 나를 기다리고 있는 사람은 하나도 없었으며, 아무도 나를 알지 못했다. 나는 두 시간 동안 외톨이처럼 거리들을 돌아다녔다. 이때의 거리 모습을 나는 이후 두 번 다시 보지 못했다. 모든 집의 문에서는 불빛이 흘러나오고 있고 보도의 귓돌은 모두 불꽃을 일으키고 있었으며 노면 전차는 하나같이 소방차처럼 달려오고 있었다. 그렇다, 그녀가 대문을 나와 모퉁이를 돌아 전차 안에 앉아 있을지도 몰랐다. 하지만 어떤 대가를 치르더라도 두 사람 중에 내 쪽에서 먼저 상

---

1) 아샤 라시스를 가리킨다. 1925년 11월 벤야민은 예고도 없이 그녀가 있는 리가를 찾아갔다. 하지만 사람을 불시에 놀라게 하는 취미가 있었던 벤야민의 그러한 행동은 당시 너무 바빴던 그녀를 즐겁게 해주지 못했다.

대방을 알아봐야만 했다. 만약 그녀가 시선의 도화선을 내게 연결시킨다면 ― 나는 탄약고처럼 터져서 날아 올라가지 않을 수 없었을 테니까.

응급 처치

　극히 번잡한 한 구역, 몇 년 동안 피해왔던 가로망이 어느 날 사랑하는 사람이 그곳으로 이사 온 순간 단숨에 훤히 보이게 되었다. 마치 그의 집 창문에 서치라이트가 설치되어 있어 빛의 다발들로 주변 일대를 해부하는 것 같았다.

실내 장식술

트락타투스(*tractatus*)[1]는 아라비아풍 형식이다. 그것의 외관은 아라비아풍 건물의 정면처럼 밋밋하고 수수하며, 안뜰에서야 비로소 각각의 구성 요소로 나눠진다. 그처럼 몇 개의 구성 요소로 나뉘는 트락타투스의 구조 또한 바깥에서는 짐작할 길이 없으며 안에서만 드러난다. 트락타투스가 장章으로 이루어지는 경우 따로 제목이 주어지지 않으며 그저 번호만 붙여진다. 온갖 고찰의 표면은 회화적인 생기로 넘쳐나는 것이 아니라 오히려 부단히 사방으로 휘감아나가는 아라베스크 문양들로 뒤덮이게 된다. 이러한 서술이 갖는 장식적 조밀함 속에서 본론과 관련된 상론詳論과 본론에서 벗어난 상론 사이의 구별은 사라지게

---

1) 라틴어 tractatus('논하는 것')에서 유래하며, '논문' 또는 '정치·종교에 관한 팸플릿'을 가리킨다.

된다.

문방구

파루스 시가 전도[1]

내가 아는 사람 중에 온갖 다른 데 마음이 빼앗겨 뭐 하나에도 집중하지 못하는 여자가 하나 있다. 나는 자주 드나드는 상인들의 이름이라든지, 서류 보관 장소라든지, 친구와 지인들의 주소, 데이트 시간 등을 훤히 알고 있는 반면 그녀의 머릿속은 온갖 정치적 개념, 당의 슬로건들, 성명서, 명령 등으로 꽉 차 있다. 그녀는 슬로건들의 도시에 살고 있으며, 작당한 채 형제처럼 지내는 어휘들의 구역에 거주하고 있는데, 거기서는 모든 골목길

---

1) 베를린의 파루스 출판사에서 발간한 접이식 도시 지도. 현재도 존재하는 이 출판사의 명칭은 고대의 세계 7대 불가사의 중의 하나인 '파루스(파로스)의 등대'에서 유래한다.

이 깃발의 색깔을 선명히 하고 있으며 어떤 말에도 일단 공명하려면 암호를 알아야 한다.

희망 기입 용지

"하나의 갈대가 돋아나는 것은/세상을 달콤하게 만들기 위해./나의 갈대 펜 끝에서도/사랑스러운 것이 흘러나오길!"[2] 이 시가 「복된 동경」[3] 뒤에 이어진다. 이제 막 벌어진 굴 껍데기에서 굴러 나온 한 알의 진주처럼.

포켓 수첩

사랑에 빠지면 무엇보다 먼저, 어떤 대가를 치르더라도 그녀에게 가서 고백하기 전에 반드시 혼자가 되어 자기 감정을 곰곰이 생각하고 그것을 혼자 음미하는 것보다 더 북유럽 사람들의 특징을 잘 보여주는 것도 없을 것이다.

---

2) 괴테의 『서동시집』(1819년)의 1부 「가인歌人 시편」 말미에 놓인 무제시의 전문.
3) 『서동시집』 중에서 가장 유명한 시로 불꽃을 향해 날아드는 부나비의 사랑과 그것의 완성을 노래하고 있다.

문진門鎭

콩코르드 광장: 오벨리스크.[4] 4천 년 전에 새겨진 것이 오늘날 이 도시에서 가장 큰 광장 한가운데 서 있다. 만약 그러한 사실이 파라오에게 예언되었더라면 — 그는 얼마나 큰 승리감을 느꼈을까! 서양 최고의 문화국이 언젠가 나라 한가운데 그의 지배를 기념하는 석비를 세워두게 될 것이라니 말이다. 하지만 그러한 영광이라는 것은 실제로는 어떤 것일까? 그곳을 지나가는 수만 명의 사람 중 누구 하나 멈춰 서는 자가 없다. 행여 수만 명이 멈춰 선다고 해도 비문을 읽을 사람은 하나도 없을 것이다. 명성이라는 것은 모두 그런 식으로 약속한 것을 이행하며, 어떤 신탁도 그러한 명성의 교활함은 당해낼 수가 없다. 왜냐하면 불멸의 명성을 얻은 자는 거기에 이 오벨리스크처럼 서 있기 때문이다. 주변에서 노호怒號하고 있는 정신들의 교통을 정리하면서. 그리고 거기 새겨져 있는 비문은 누구에게도 도움이 되지 않는다.

---

[4] 파리 샹젤리제 가의 동쪽 종점을 이루는 콩코르드 광장에는 1836년 이집트에서 가져온 고대의 오벨리스크가 서 있는데, 기단 부분에는 파라오의 모습이 새겨져 있다.

장신구

해골의 비할 데 없는 언어. 완전한 무표정 — 시커멓게 뚫린 눈구멍 — 을 해골은 더없이 거친 표정 — 웃고 있는 듯한 치열 — 과 결합시키고 있다.

남에게 버림받았다는 생각에 책을 집어 든 사람은 넘기려고 하는 페이지가 이미 잘려 있는 것을 보고 심지어는 책의 페이지조차 자기를 더이상 필요로 하지 않는다는 사실을 발견하고는 고통을 느끼게 된다.

선물은 상대방이 깜짝 놀랄 정도로 마음을 깊이 울리는 것이어야 한다.

내가 경애하는 교양 있고 우아한 한 친구가 새로운 저서를 보내 왔다. 책을 펼치려는 순간 나도 모르게 넥타이를 고쳐 매고 있는 나를 보고 깜짝 놀랐다.

에티켓에는 신경을 쓰면서 거짓말하는 것에는 반대하는 사람은 유행하는 차림을 하고 있지만 속옷은 입고 있지 않은 사람과 같다.

담배 끝에서 연기가 나오듯이 만년필촉 끝에서도 잉크가 술술 흘러나온다면 나는 문필가업의 아카디아에 있게 될 텐데.

행복하다는 것은 소스라쳐 놀라는 일 없이 자기 자신을 알아채게 되는 것을 말한다.

확대 사진들

책 읽는 아이[1]

학급 문고에서 책을 한 권 받는다. 저학년 학급에서는 나누어 주었다. 아주 가끔씩밖에는 감히 이런저런 책을 원한다고 말할 수 없었다. 원하던 책이 다른 사람 손에 전해지는 것을 부러운 듯 바라보는 경우도 종종 있었다. 마침내 바라던 책을 받게 되었다. 1주일 내내 눈송이처럼 은밀하게 빽빽하게 그리고 부단히 나를 감싸주는 텍스트의 움직임에 완전히 편안하게 몸을 맡겼다. 무한한 믿음을 갖고 책 안으로 들어간 것이다. 조금만 더, 조금만 더 하며 계속 나를 유혹하는 책의 고요함! 책의 내용은

---

[1] 『베를린의 어린 시절』의 「어린 시절의 책」과 「학급 문고」를 참조하라.

그다지 중요하지 않았다. 아직 침대 속에서 이야기를 지어내기도 했던 그러한 시절의 독서였기 때문이다. 아이는 이야기의 눈에 덮여 반쯤은 사라진 길의 흔적을 찾아 나선다. 아이는 책을 읽을 때 양쪽 귀를 막는다. 책은 너무 높은 책상 위에 놓여 있으며, 한쪽 손은 항상 책장 위에 얹혀 있다. 인물과 메시지가 눈송이들이 춤추는 가운데 읽혀지는 것처럼 아이에게는 주인공의 모험이 여전히 활자의 소용돌이 속에서 읽혀진다. 아이의 호흡은 이야기되고 있는 온갖 사건들의 일부가 되어 있으며, 모든 관계자들이 똑같은 공기를 호흡하고 있다. 아이는 어른들보다 훨씬 더 친밀하게 등장인물들과 섞여 들어간다. 사건, 그리고 서로 주고받는 대화에서 아이는 말할 수 없는 감명을 받으며, 일어선 아이 몸 위에는 그가 읽은 내용이 눈처럼 수북이 쌓여 있다.

지각한 아이[2]

교정의 시계는 아이가 저지른 죄 때문에 상처를 받은 것 같다. 그것은 '지각'을 가리키고 있다. 그리고 복도에는 아이가 스쳐 가는 교실들의 문틈으로 무슨 비밀 얘기를 나누는 듯한 낮은 목소리가 새어 나온다. 문 저편에 있는 선생님과 학생들은 동지이다. 혹은 마치 누군가를 기다리고 있는 것처럼 모두 조용히

---

[2] 『베를린의 어린 시절』의 「지각」을 참조하라.

있다. 아이는 가만히 문의 손잡이를 잡는다. 아이가 서 있는 발 밑으로 햇살이 쏟아져 들어온다. 아이는 청순한 날을 더럽히며 문을 연다. 선생님 목소리는 물레방아의 바퀴처럼 덜그럭거린다. 아이는 가루 빻는 기계 앞에 서 있는 것이다. 그처럼 덜그럭거리는 소리는 계속 리듬을 유지하고 있지만 이 물레방앗간의 일꾼들은 이제 신참에게 모든 짐을 벗어 던져버린다. 10개나 20개나 되는 무거운 자루가 아이 쪽으로 날아온다. 아이는 그것들을 의자까지 옮겨야 한다. 아이의 작은 코트는 올 하나하나까지 온통 하얀 가루로 뒤덮여 있다. 마치 한밤중에 나타난 가엾은 유령처럼 한 걸음씩 커다란 소리를 내면서 걸어가지만 누구 하나 쳐다보는 이 없다. 그런 다음 자리에 앉아 종이 울릴 때까지 작은 목소리로 다른 아이들이 하는 대로 따라 한다. 그러나 그러한 일에 무슨 보람이 있거나 할 리는 만무하다.

몰래 훔쳐 먹는 아이[3]

아이 손은 열린 틈이라곤 거의 없는 찬장의 좁은 틈새기로 마치 연인이 밤을 도와 몰래 숨어 들어가듯이 비집고 들어간다. 일단 어둠에 익숙해지자 아이 손은 설탕이나 아몬드, 술타나| 큰 알의 씨 없는 건포도ㅣ나 설탕에 절인 과일을 찾아 나선다. 그리고

---

[3] 『베를린의 어린 시절』의 「장들」을 참조하라.

사랑하는 남자가 키스하기 전에 소녀를 끌어안듯이 입이 달콤함을 음미하기 전에 촉각이 먼저 그들과 밀회를 나눈다. 벌꿀, 건포도 무더기, 심지어 쌀알조차 얼마나 아양을 떨며 손 안에 몸을 맡기는가. 마침내 수저에서 도망칠 수 있게 된 이 둘의 만남은 얼마나 열정적인가? 이곳에서 딸기잼은 마치 부모님 집에서 유괴되어 온 딸처럼 감사하는 마음으로 그리고 격렬하게 ― 둥근 빵에 발라지는 것이 아니라 ― 소위 신의 드넓은 하늘 아래에서 음미되어야 하는 듯 몸을 맡기고, 버터조차 처녀 방에 들어온 이 구애자의 대담함에 부드러운 애무로 응답한다. 소년의 손, 젊은 돈 후안은 이내 모든 방과 헛간 안으로 침입한다. 그리고 온갖 것이 흘러가면서 쌓인 층과 엄청난 것이 강물처럼 모조리 휩쓸고 간 흔적만을 남길 뿐이다. 즉 아무런 탄식의 소리도 없이 재생되는 처녀성만을.

회전목마 탄 아이[4]

유순한 동물들을 얹은 원판은 땅에 닿을 듯 말 듯 회전한다. 꿈속에서 하늘을 나는 듯한 황홀한 기분에 빠지게 하기에 가장 좋은 높이이다. 음악이 시작된다. 덜컥 하는 소리와 함께 아이는 어머니로부터 멀어지기 시작한다. 처음에는 어머니로부터 멀어

---

[4] 『베를린의 어린 시절』의 「회전목마」를 참조하라.

지는 것이 두렵다. 하지만 이내 아이는 자기가 얼마나 믿음직한지를 알게 된다. 그는 믿음직한 지배자로서 그에게 속한 세계 위에 군림하는 것이다. 원판과 접선을 이루며 나무와 원주민들이 줄을 이어 나타난다. 그런 다음 '동양'에서 어머니가 다시 모습을 나타낸다. 바로 이어서 원시림에서 우듬지가 출현한다. 그것은 몇 천 년 전에 보는 것 같기도 하고 바로 지금 처음으로 회전목마에서 본 것 같기도 하다. 아이가 타고 있는 동물은 주인에게 헌신적이다. 말(語) 없는 아리온[5]처럼 아이는 말 없는 물고기를 타고 달린다. 나무로 된 황소 제우스[6]가 아이를 순결한 에우로페로 보고 유괴한다. 만물의 영겁회귀[7]는 아주 오래전부터 아이의 지혜가 되었다. 그리고 삶이란 지배에 대한 태곳적부터의 도취로, 중심에는 웅장하게 울려 퍼지는 오케스트리온[8]이 왕실 보물로 자리하고 있다. 음악의 속도가 느려지면 공간들이 떠듬떠듬거리며 말을 하기 시작하고, 나무들은 감각을 되찾기 시작한다. 회전목마는 불안정한 땅이 된다. 그리고 어머니의 모습이 보

---

5) 기원전 7세기의 고대 그리스의 전설적인 시인이자 음악가. 전설에 따르면 어느 날 배에 탄 그는 뱃사공들이 소지품을 빼앗고 죽이려고 하자 마지막으로 노래 한 곡을 부르게 해달라고 간청했다. 그리고 노래가 끝난 후 바다에 던져졌다. 그러자 노래를 사랑하는 돌고래가 모여들어 그를 안전하게 육지로 데려다주었다고 한다. 헤로도토스와 플루타르코스가 그의 이야기를 전하고 있다.
6) 고대 그리스 신화에서 신 제우스는 에우로페를 사랑하게 된다. 그녀는 황소의 모습으로 둔갑한 제우스의 등에 실려 크레타 섬까지 갔다. 제우스는 거기에서 그녀와 사랑을 나눈다.
7) 니체, 『차라투스트라는 이렇게 말했다』의 3부에 실려 있는 「치유되고 있는 자」를 참조하라.
8) 여러 가지 악기의 음색을 내는 자동 악기.

인다. 즉 단단히 박아놓은 말뚝이 보이는데, 말에서 내리는 아이는 시선의 밧줄을 그것에 휘감는다.

어지럽히는 아이

아이가 발견한 돌, 꺾은 꽃, 잡은 나비들은 모두 그에게는 벌써 수집의 시작이며, 그가 소유한 모든 것이 하나하나 어우러져 독특한 컬렉션을 이룬다. 아이에게 있어 이러한 정열은 진정한 모습, 즉 인디언과 같은 엄격한 시선을 보여주는데, 그러한 시선은 골동품 수집가, 연구자, 서적광들에게는 이미 어렴풋이밖에는 남아 있지 않으며 그저 조병 환자에게서처럼 병적으로 타오르고 있을 뿐이다. 아이는 이 세상에 태어나자마자 이미 사냥꾼이 되어 있다. 아이는 사물 속에서 영혼들의 흔적을 냄새 맡고 그것들을 추적한다. 영혼과 사물 사이에서 아이는 몇 년인가를 보내는데, 이 기간 동안 아이의 시야에 인간들은 들어오지 않는다. 아이는 마치 꿈속에 있는 것 같다. 그는 오래 지속되는 것은 알지 못한다. 그에게는 무슨 일이든 일어나며, 어떤 것과도 만나고 온갖 것과 마주칠 수 있다고 아이는 생각한다. 아이가 유목민으로 지내는 세월은 꿈의 숲 속에서의 시간이다. 이 숲으로부터 아이는 전리품을 집으로 끌고 와 그것을 깨끗이 하고 딱딱하게 만들고,[9] 그것들에게 걸린 마법을 풀어버린다. 아이의 서랍은 병기고, 동물원, 범죄 박물관이자 지하의 제실祭室이 되어야 한다. '정리한다'는 것은 별칼[10]인 가시투성이 침엽수, 은보석인 은박지, 관棺인 블록들, 토템 폴인 선인장, 문장 방패인 페니히 동전 같은 것들로 가득한 하나의 건축물을 파괴해버리는 것을 의미할 것이다. 어머니의 속옷 서랍과 아버지의 서가에서 아이는 이미 오래전부터 정리를 도와주고 있었다. 그러나 본인의 구역에서 그는 여전히 우발적이며 호전적인 손님이다.

숨는 곳의 아이[11]

아이는 이미 집 안의 숨는 곳을 전부 알고 있으며 마치 모든 것이 옛날 그대로라고 확신하고 있는 집으로 들어갈 때처럼 그곳에 몸을 숨긴다. 그러면 가슴이 쿵쾅거린다. 아이는 숨을 멈춘다. 거기서 아이는 사물(Stoff〔소재〕)의 세계 속에 둘러싸인다. 그런데 그것이 끔찍할 정도로 분명해지더니 아무 말 없이 다가온다. 교수대에 서는 사람도 바로 그런 식으로 비로소 밧줄과 목재가 무엇인지를 알게 되는 것이다. 출입문의 커튼 뒤에 서 있는 아이는 그 자체가 바람에 흔들리는 흰 것이, 유령이 된다. 식탁 밑에 웅크리면 아이는 조각이 새겨진 식탁 다리를 네 개의 기둥으로 한 신전의 목조 신상神像으로 바꾼다. 그리고 문 뒤에 숨으

---

9) 예를 들어 곤충 표본 만드는 것을 생각해볼 수 있을 것이다.
10) 중세의 무기로 막대기 끝에 가시가 나 있는 철구가 달려 있었다.
11) 『베를린의 어린 시절』의 「숨는 곳」을 참조하라.

면 아이 자신이 문이 되며, 문 안에서 무거운 가면처럼 꾸민 채 마법사가 되어 아무것도 모르고 방에 들어오는 사람 모두에게 마법을 걸 것이다. 무슨 일이 있어도 발견되어서는 안 된다. 아이가 얼굴을 찌푸리기라도 하면 시계는 땡 하고 시간을 알리는 것 말고는 아무것도 해서는 안 된다고 말해주면 된다. 그러면 그는 그렇게 있을 것이다. 그것이 어째서 맞는 말인지를 아이는 숨는 곳에서 깨닫는다. 아이를 발견한 사람은 누구나 그를 식탁 밑의 신상처럼 뻣뻣이 굳어버리도록 만들 수 있으며, 아이를 영원히 유령의 모습으로 커튼 속에 짜 넣을 수 있으며, 주술을 걸어 평생 무거운 문 안에서 꼼짝 못하게 만들 수 있다. 그리하여 아이를 찾는 사람이 꽉 붙잡는 순간 아이는 큰 소리로 비명을 지르며 자기를 그렇게 변신시킨 악마를 물리친다 — 아니, 들키는 순간까지 기다리지 않고 자기 해방의 절규로 기선을 제압한다. 그리하여 이 악마와의 싸움은 싫증이 나지 않는다. 그러한 싸움에서 집은 가면들의 병기고이다. 그러나 일 년에 한 번 그처럼 비밀스러운 장소에, 그들 가면의 뚫린 눈구멍에, 굳어진 입 속에 선물이 놓여진다. 그때 마법의 경험은 과학이 된다. 과학을 구사하는 기술자가 되어 아이는 어둠침침한 부모님 집에 걸린 마법을 풀고 부활절 달걀을 찾아 나선다.

골동품

기념품 케이스[1]

다 그만한 이유가 있어 아름답다고 불리는 모든 것에 있어 외양은 역설적으로 작용한다.

회전 예배기[2]

오직 마음속에 그려진 이미지만이 의지에 활력을 불어넣을

---

1) 초상이나 유품을 담아 목걸이 등에 단 소형 상자.
2) 티베트의 라마교도가 예배를 드릴 때 손에 들고 있는 작은 예배 도구.

수 있다. 그에 반해 단순한 말은 기껏해야 의지에 불을 지필 수는 있지만 그 후에는 연기만 피우며 탄내만 요란하게 낼 뿐이다. 이미지를 정확하게 상상하지 못한다면 건전한 의지도 있을 수 없다. 신경 자극 없이는 상상 또한 있을 수 없다. 그리고 호흡이 신경 자극의 최고로 섬세한 제어 장치가 되어야 한다. 주문呪文 소리는 이러한 호흡법의 하나의 기준이 된다. 성스러운 음절에 맞추어 호흡하며 명상하는 요가의 수행법은 이렇게 해서 나온 것이다. 그리고 요가의 전능함도.

고대의 수저

최고의 서사시인에게 주어진 특권 하나. 즉 그들의 영웅들 입에 음식을 넣어줄 수 있는 것이 그것이다.

고지도

사람들은 대부분 사랑 속에서 영원한 고향을 추구한다. 그러나 아주 소수이지만 영원한 여행을 추구하는 사람들도 있다. 이들은 우울증적인 사람들로 사랑에 있어 어머니 대지와의 접촉을 싫어한다. 그들은 향수를 멀리 떼어놓을 수 있는 사람을 추구한다. 그들은 바로 그러한 사람에게 충실하다. 체질설에 관한 중세의 책들은 이러한 유형의 사람들이 먼 여행에 대한 동경을 갖고 있다는 것을 잘 알고 있다.

부채

이러한 경험을 한 적이 있을 것이다 — 누군가를 사랑할 때, 오로지 그에게만 열렬히 빠져 있을 때는 거의 모든 책 속에서 그의 초상을 발견하게 되는 경험을. 그렇다. 그는 주연인 동시에 악역으로 등장하는 것이다. 온갖 이야기 속에서, 장단편 관계없이 다양한 소설 속에서 그는 항상 새로운 변신을 거듭하며 등장한다. 이러한 사실로부터 우리는 상상력은 무한히 작은 것 속에서 해답을 구할 수 있는 능력, 즉 내적으로 집중되어 있는 모든 것 속에서 새로운, 압축된 충만함을 담을 수 있는 어떤 외연적인 것을 찾아내는 재능이라는 결론을 내릴 수 있을 것이다. 요컨대 모든 이미지(Bild)를 접힌 부채의 그림(Bild)처럼, 다시 말해 펼쳤을 때야 비로소 숨을 쉬고 새로 넓은 공간을 확보하면서 사랑하는 사람의 얼굴 모습을 안쪽에서 활짝 펼쳐 보이는 부채의 그림처럼 받아들이는 재능이라고 말이다.

부조浮彫

사랑하는 여인과 함께 있으며, 이야기를 나눈다. 이후 몇 주 또는 몇 달인가가 지나 그녀와 헤어진 후 다시 당시 나눴던 이야기를 떠올려본다. 그러면 그때 나누었던 대화의 주제는 이제 진부하고 칙칙하며 천박한 것으로 느껴진다. 그리고 그때 알게 된다 — 사랑하는 마음에서 그러한 주제 위에 몸을 깊숙이 숙였던 그녀만이 그러한 주제를 위해 그늘을 마련해주고 그것을 보호해주었으며, 덕분에 사고가 부조처럼 모든 주름과 모든 구석에 이르기까지 생기를 띠게 되었다는 것을. 이제 혼자가 되니 그러한 사고는 우리의 인식의 빛 속에서 납작하게, 그늘 하나 없이 엎드려 있다.

토르소

본인의 과거를 강제와 곤궁에 따른 유산流産으로 바라볼 수 있는 사람만이 과거를 어떠한 현재에 있어서든 최고로 유리하게 이용할 수 있을 것이다. 한 사람이 살아온 과거란 기껏해야 운반 도중 사지가 모두 잘려 나간, 그리하여 지금은 값비싼 덩어리밖에 남지 않은 아름다운 조상彫像과 같은 것으로 그는 그러한 덩어리로부터 자기의 미래의 상을 깎아내야만 하기 때문이다.

회중시계와 금은 세공품

밤새 자지 않고 옷을 입은 채로, 예를 들어 도보 여행 중에 일출을 보게 된 사람은 하루 종일 눈에 보이지 않게 왕관을 수여받은 자의 위엄을 모든 타인들 앞에서 유지할 수 있다. 그리고 한창 일하던 중에 일출을 맞이한 사람은 정오가 되면 스스로 자기 머리에 왕관을 얹은 것 같은 기분이 든다.

1초 1초가 그저 서둘러 가기만 하는 인생의 시계처럼 [장편] 소설의 등장인물들 위에도 페이지의 숫자가 걸려 있다. 불안해져서 힐끗 그것을 올려다본 적이 한 번도 없는 독자가 과연 있을까?

이런 꿈을 꾸었다. 사강사 칭호를 얻은 지 얼마 안 된 나는 뢰테(Roethe)와 마치 동료처럼 이야기를 나누면서 그가 관장으로 있는 박물관의 넓은 방들을 둘러보며 걸어가고 있었다. 옆방에서 그가 관원과 이야기하고 있는 동안 나는 유리 전시실에 다가갔다. 안에는 여기저기 흩어져 있는 좀더 작은 다른 전시물들과 나란히 거의 실물 크기의 금속제 또는 에나멜 칠을 한 여성 흉상이 둔탁한 빛을 발하고 있었는데, 베를린 미술관의 소위 「〔레오나르도의〕 플로라」[1]와 비슷했다. 이 황금색 두상은 입은 벌리고 있고 아래턱니에는 장신구가 아주 정확한 간격으로 박혀 있었는데, 일부는 입에서 늘어뜨려져 있었다. 나는 그것이 시계라는 것을 의심의 여지 없이 알 수 있었다(꿈의 모티프들. 수줍어하는 뢰테〔Scham-Roethe〕.[2] 아침 시간은 입에 황금을 물고 있다.[3]

"머리는, 검은 머리채 더부룩이 헝클어지고
숱한 보석으로 장식한 채
침실용 소탁자 위에서 미나리아재비처럼
쉬고 있다"[4]).

1) 레오나르도 다 빈치의 작품으로 추정되는 밀랍 흉상.
2) 앞의 '뢰테'를 Scham과 결합시켜 만든 '수줍은 얼굴Schamröte'이라는 말놀이.
3) "일찍 일어나는 새가 벌레를 잡는다"에 해당하는 독일 속담.
4) 보들레르, 「여자 순교자」.

아크등

어떤 사람을 아는 사람은 희망 없이 그를 사랑하는 사람뿐이다.

로지아[1]

제라늄

서로 사랑하는 두 사람은 무엇보다 서로의 이름에 집착한다.

카르투시오[2] 패랭이꽃

연인에게 있어 사랑하는 사람은 항상 고독한 것처럼 보인다.

---

1) 『베를린의 어린 시절』의 「로지아」를 참조하라.
2) 은둔 수도원.

아스포델로스[3]

사랑받는 사람 뒤에서는 가족의 심연과 마찬가지로 성性의 심연도 닫힌다.[4]

선인장 꽃

정말 사랑하고 있는 사람은 말다툼을 할 때 애인이 얼토당토않은 말을 하면 기뻐한다.

수선화

추억은 애인을 항상 축소해서 본다.

3) 백합과 식물. 그리스 신화에서는 신이 사랑한 인간이나 영웅이 사후에 산다는 낙원에 피는 꽃으로 되어 있다.
4) 벤야민, 「괴테의 '친화력'」에서도 동일한 문장을 찾아볼 수 있다. "사랑하는 이들에게 표시 같은 것이 존재한다면 서로에게 있어 두 사람을 가로막는 성의 심연뿐만 아니라 가족의 심연 역시 닫혀버리는 사태가 그것이다."

관엽 식물

 두 사람의 결합을 가로막는 장애물이 나타나면 즉각 두 사람 모두 나이를 먹고 더이상 아무것도 바랄 것이 없이 함께 살아가고 있는 공상이 떠오른다.

습득물 보관소

분실물

풍경 속에서 흘끗 한번 본 한 마을, 한 도시의 최초의 모습이 그토록 비할 바 없고 이후 다시는 돌이킬 수 없는 것이 되는 까닭은 원경과 근경이 극히 밀접하게 결합되기 때문이다. 아직 익숙함은 작용하고 있지 않다. 그것에 익숙해지기 시작하자마자 풍경은 마치 우리가 들어가는 집의 정면처럼 즉시 사라지고 만다. 하지만 아직 그러한 일이 주위에 대한 지속적인 탐색 — 이제는 습관이 되었다 — 을 통해 우위를 점하는 일은 일어나지 않았다. 일단 그곳이 어디인지를 알게 되면 맨 처음의 이미지는 이미 두 번 다시 복원할 수 없게 된다.

습득물

어떠한 근경에도 물러서지 않으며 가까이 다가가도 소멸되지 않으며 다가갔다고 해서 거만하고 지루한 듯한 모습을 보이는 것이 아니라 오히려 좀더 촘촘하고 위협적으로 가로막고 있는 초록색 원경, 그것이 바로 배경에 그려진 원경이다. 그것이 무대 장치에 비할 데 없는 성격을 부여하고 있다.

마차 세 대까지 주차 가능

승합 마차를 기다리며 어느 곳에 10분 동안 서 있었다. "『랭트랑』······『파리 수아르』······『라 리베르테』."[1] 내 뒤에서 끊임없이 똑같은 억양으로 신문팔이 소녀가 외치고 있었다. "『랭트랑』······『파리 수아르』······『라 리베르테』." — 중죄범 교도소의 구석이 세 개인 감방. 구석구석들이 얼마나 횅한지가 눈앞에 떠올랐다.

꿈속에서 '악명 높은 집'[2]을 보았다. "호텔로서, 안에서는 짐

---

1) 모두 프랑스에서 발간되던 석간지로 『랭트랑』은 급진적 입장(1880년 창간, 1940년 폐간), 『파리 수아르』는 중도적 입장(1923년 창간, 1943년 폐간), 『라 리베르테』는 보수적 입장(1865년 창간, 1940년 폐간)을 갖고 있었다.
2) 매음굴.

승 한 마리가 응석받이가 되어 있었다. 거의 모든 사람들이 응석받이가 된 이 짐승의 물밖에 마시지 않았다." 이러한 말로 꿈을 꾼 후 화들짝 놀라 잠에서 깼다. 엄청나게 밀려드는 피로 때문에 나는 환하게 불을 켜놓은 방에서 옷도 그대로 입은 채 침대 위로 쓰러져 즉각 단 몇 초 만에 잠에 빠져들었다.

임대 주택 단지에서 죽음처럼 슬픈 음악이 어찌나 제멋대로 흘러나오는지 그것이 연주자를 위한 것이라고는 아무도 상상할 수 없었다. 그것은 가구가 딸린 임대용 방을 위한 음악으로, 일요일마다 방 안에서 온갖 생각에 잠겨 있노라면 그러한 생각들은 농익은 과일 접시가 시든 나뭇잎들로 장식되듯이 그러한 음악의 음표로 장식되어갔다.

전몰 용사 기념비

칼 크라우스[1]

그의 추종자들만큼 한심한 자도 없을 것이며 그의 적들만큼 하느님께 버림받은 자들도 없을 것이다. 그의 이름만큼 침묵에 의해 칭송받기에 더 잘 어울리는 이름도 없을 것이다. 태곳적의 갑옷을 몸에 두르고 분노를 가슴에 품은 채 이를 드러내고 웃으면서 중국의 신상처럼 양손에 빼어 든 검을 휘두르며 그는 독일어의 묘혈墓穴 앞에서 전쟁의 춤을 춘다. "말이라는 낡은 집에 사는 아류 중의 하나에 불과한"[2] 그가 말의 지하 납골실의 봉인

---

1) 1847~1936년. 오스트리아의 유대계 작가, 비평가. 벤야민, 「칼 크라우스」를 참조하라.
2) 크라우스, 「고백」, 『시가 된 말 II』(1917년).

자가 되었다. 그는 밤낮으로 보초를 서며 버티고 있다. 일찍이 이렇게 충실하게 지켜졌던 장소도 없었으며, 또 이토록 절망적으로 버려진 곳도 없었다. 여기에 서 있는 것은 다나이스[3]처럼 동시대 사람들이 흘리는 눈물의 바다에서 물을 퍼 올리는 사람, 그의 손에서 적을 묻어버려야 할 바위가 시시포스의 바위처럼 굴러 떨어지는 사람이다. 그의 전향보다 무력한 것이 또 있을까? 그의 인간애보다 더 무력한 것이 또 있을까? 저널리즘과 벌인 그의 투쟁보다 더 절망적인 것이 있을까? 진정으로 그와 동맹을 맺고 있는 세력에 대해 그는 얼마나 알고 있는가? 하지만 신참 마술사들의 어떠한 천리안이 이 마법사의 예리한 청력에 필적할 수 있을까? 심지어 죽은 언어조차 이 귀에 영감을 불어넣으니 말이다. 마치 「복된 동경」[4]이 과거에 결코 시로 쓰이지 않았다는 듯이 「고독한 사람들」[5]의 크라우스처럼 영혼을 불러낸 자가 과연 일찍이 있었던가? 영혼들의 목소리처럼 들리는 무력한 울림으로 땅속 깊은 곳에서와 같은 언어의 심연에서 나오는 속삭임이 크라우스에게 예언을 하고 있다. 모든 소리가 비할 데 없이 진실되지만 그것들은 모두 저승으로부터의 메시지와 마찬가지로 우리를 망연자실하게 만든다. 언어는 마치 망혼亡魂처럼[6] 맹목적으로 오직 피의 목소리밖에 알지 못하며, 산 자들의 영역

---

3) 그리스 신화에서 아르고스 왕 다나오스의 50명의 딸. 지옥에서 구멍이 뚫린 항아리에 영원히 물을 채우고 있다.
4) 「문방구」 중 '희망 기입 용지'를 참조하라.
5) 크라우스, 『시가 된 말 V』(1920년).
6) 고대 로마의 민간 신앙에서 신으로 숭앙받았던 사자死者의 영혼.

에서 자신들이 무엇을 불러일으킬지에 대해서는 전혀 개의치 않는 영혼들처럼 편협한 마음으로 크라우스가 복수에 나서도록 내몬다. 그러나 크라우스는 과오를 범해서는 안 된다. 언어로부터 위임받은 것은 모두 올바르다. 크라우스와 부딪쳤던 사람은 모두 이미 심판을 받았다. 그의 이름 자체가 크라우스의 입에 오르면 판결이 되는 것이다. 그가 입을 열 때 입술 위에서는 재치의 투명한 불꽃이 뿜어져 나온다. 그리고 인생의 길을 걸어가는 사람이 크라우스와 만나는 일은 없을 것이다. 고대풍의 명예의 벌판에서, 피비린내가 진동하는 노동의 광대한 전장에서 크라우스는 버려진 묘비를 앞에 두고 미친 듯이 날뛰고 있다. 그가 죽으면 영예는 이루 헤아릴 수 없을 것이며, 그러한 영예가 주어지는 것도 그가 마지막일 것이다.

화재경보기

계급투쟁이라는 관념은 오도할 가능성이 있다. 그것은 누가 이기고 누가 지는가 하는 문제를 결정하기 위한 힘겨루기가 아니다. 또는 다 끝나고 난 후 승자에게는 좋은 결과가, 패자에게는 나쁜 결과가 주어지는 투쟁과 같은 것이 아니다. 그런 식으로 생각해서는 사실들을 낭만적으로 얼버무리게 된다. 부르주아지는 투쟁에서 이기든 지든 그들의 발전 과정에서 치명적으로 작용하게 될 내적인 모순에 의해 몰락할 운명이기 때문이다. 문제는 다만 자멸할 것인가 아니면 프롤레타리아에 의해 몰락할 것인가 하는 것뿐이다. 3천 년 동안 이어져온 문화 발전이 앞으로도 계속될 것인가 아니면 이대로 끝나버릴 것인가는 이 문제에 대한 해답에 따라 결정될 것이다. 역사는 영원히 투쟁하고 있는 두 명의 전사의 이미지로 표현되는 악무한과는 전혀 무관하다.

진정한 정치가는 일정 기간을 정해놓고 〔상황을〕 계산한다. 그리고 부르주아지를 폐절하는 것이 경제와 기술 발전의 거의 계산 가능한 시점(그것은 인플레이션과 독가스전에 의해 예고되고 있다)까지 완수되지 않는다면 모든 것을 잃고 만다. 불꽃이 다이너마이트에 닿기 전에 타고 있는 도화선을 잘라야 한다. 정치가의 개입, 위험, 템포는 기술적인 것으로 기사도와는 무관한 것이다.

여행 기념품

아트라니[1]

성당 쪽으로 완만히 올라가며 구부러져 있는 바로크 양식의 계단. 성당 뒤쪽에는 격자. '아베 마리아'에서의 노부인들의 연도連禱. 일등급으로 죽기 위한 교육. 주위를 둘러보면 이 성당이 신 본인처럼 바다에 면해 있는 걸 알 수 있다. 매일 아침 그리스도교 시대가 큰 바위에 금을 새기지만 저 아래 벽들 사이에서는 밤마다 어둠이 항상 네 개의 오랜 로마 시대 구역에 다시 내린다. 통풍용 수혈竪穴 같은 골목길들. 마르크트 광장에는 샘이 하

[1] 이탈리아 남부 살레르노 만에 면해 있는 나폴리 근처의 작은 고대 마을. 오늘날에는 아말피 시의 일부가 되었다. 이하에 언급된 성당은 성 마리아 막달레나 성당으로 940년 고딕 양식으로 지어진 후 바로크 양식으로 개수되었다.

나. 늦은 오후 이곳저곳에 여자들. 그런 후에는 정적. 고대처럼 텀벙텀벙거리는 소리.

해경화海景畵

대형 범선의 아름다움은 독특하다. 수세기가 지났어도 외양이 바뀌지 않았을뿐더러 가장 변하지 않을 풍경 속에서 모습을 드러내고 있기 때문이다. 즉 바다에서 수평선을 배경으로 떠오르는 것이다.

베르사유 궁 정면

사람들은 몇 백 년 전인가 왕명에 의해(Par Ordre du Roi)[2] 단 두 시간만 요정극[3]을 위한 이동 배경[4]으로 세워두었던 이 궁전쯤은 이미 잊어버린 듯하다. 이 궁전은 온갖 영광 중 자기를 위해서는 어느 것 하나 보존하고 있지 않으며 자신과 함께 종말을 맞이한 왕조적 조건에 그러한 영광을 통째로 넘겨주고 있다. 이

---

[2] 과거 프랑스 왕국의 공문서 앞머리에 찍혀 있던 문구.
[3] 보통 야외에서 정교한 무대 장치와 의상들을 통해 연극이나 발레로 요정 이야기를 들려주는 것으로, 17~18세기에 영국과 프랑스에서 유행했다.
[4] 무대 장치의 하나로 무대 위에 놓여 있는 것.

러한 배경 앞에서 그것은 절대 군주제의 비극이 알레고리적인 발레로 연기되는 무대가 된다. 하지만 오늘날 그것은 그저 벽에, 사람들이 르노트르[5]가 만들어낸 짙은 남빛을 멀리서 보며 즐기려고 그늘을 찾을 때 필요한 벽에 지나지 않게 되었다.

하이델베르크 성

잔해들만 하늘을 향해 비죽비죽 솟아 있는 폐허는 아주 쾌청한 날에는, 즉 시선이 폐허의 창문들이나 아치의 첨탑 저 위로 흘러가는 구름과 만날 때는 평상시보다 두 배는 아름답게 보일 수 있다. 파괴는 그것이 드넓은 하늘에 펼치는 무상한 연극을 통해 이러한 폐허의 영원성을 다시 강화시켜준다.[6]

세비야, 알카사르[7]

상상력의 일차적 충동에 따른 건축. 실용적 고려와 타협한

---

5) 앙드레 르노트르(1613~1700년). 프랑스의 조경 설계가로 특히 베르사유 궁과 튈르리 궁의 정원을 조성한 것으로 유명하다. 루이 14세 아래서 궁정 조경사로 일하면서 "왕의 조경사이자 조경사의 왕"이라는 평판을 얻었다.
6) 이 단장은 벤야민, 「알레고리와 바로크 비극」 중 '폐허' 부분에서의 논의를 참조하라.
7) 12세기 이슬람 시대에 세워진 왕성이지만 14세기 그리스도교 왕 페드로 1세가

부분은 어디에도 없다. 이 높고 아늑한 방들에는 단지 꿈과 축제 그리고 이 양자의 성취만이 예정되어 있다. 거기서는 춤과 침묵이 주도 동기가 된다. 왜냐하면 인간의 움직임은 모두 장식의 조용한 혼잡 속으로 빨려 들어가기 때문이다.

마르세유 대성당

이 대성당은 인적이 가장 드물고 햇살이 가장 잘 드는 광장에 서 있다. 이곳에서는 모든 것이 사멸한 듯했다. 남쪽, 이 대성당의 아랫부분에는 라 졸리에트, 즉 항구[8]가, 북쪽에는 프롤레타리아 구역이 바로 경계를 접하고 있는데도 불구하고 말이다. 이 황량한 건물은 정체를 알 수 없는 괴이한 물건들을 옮겨 싣는 곳으로서 그곳의 부두와 창고 사이에 서 있다. 거의 40년의 세월이 이 건물의 건설에 바쳐졌다. 그러나 1893년 완공을 앞두고 이 기념 건조물이 세워진 장소와 시대가 의기양양해 하며 결탁해 건축가와 의뢰주는 생각지도 못했던 (결코 교통편으로는 활용될 수 없는) 거대한 역사驛舍가 교회 측의 풍부한 재원을 이용해 완성되었다. 정면의 벽을 보면 내부에 대합실이 있다는 것을 알 수 있는데, 이 대합실 안에서는 1등석에서 4등석까지의 여행객들

무어 양식으로 대규모 개조를 감행해 현재 모습대로 만들었다.
8) 라 졸리에트('아름다운 여자'라는 뜻이다)는 정확하게 말하면 항구라기보다 항구를 형성하는 정박 구역 중의 하나이다.

(그러나 신 앞에서는 이들 모두가 평등하다)이 마치 트렁크에 끼여 있기라도 하듯 각자의 정신적 재산에 끼인 채 앉아서 찬송가집을 읽고 있는데 용어 색인과 대조표가 딸린 그것은 국제 열차 시간표와 아주 흡사하다. 철도 교통 규칙에서 발췌한 내용이 사교의 교서 형태로 벽에 걸려 있으며, 악마의 호화 열차를 이용한 특별 여행용 할인〔면죄〕 운임료를 알아보는 사람이 있으며, 장거리 여행자가 조용히 몸을 정갈히 할 수 있는 작은 방이 고해실로 준비되어 있다. 이것이 마르세유의 종교역이다. 영원행 침대열차가 미사 시간에 이곳에서 출발한다.9)

프라이부르크 대성당10)

어떤 도시에 가장 고유한 향토감은 그곳의 거주자들에게는 ― 어쩌면 한때 거기에 머문 적이 있는 여행자의 추억 속에서도 ― 그곳의 탑시계가 울리기 시작할 때의 음조 그리고 간격과 결합되어 있다.

---

9) 이 '마르세유 대성당'은 거의 그대로 「마르세유」라는 글에 편입되어 있다.
10) 프라이부르크는 독일의 서남쪽에 있는 소도시로 벤야민은 한때 이곳 대학에서 공부했다. 대성당 탑의 서쪽 정면에 시계가 있다.

모스크바, 성 바실리 대사원[11]

비잔틴 양식의 성모가 가슴에 안고 있는 것은 등신대의 목제 인형에 지나지 않는다. 아기라는 것이 겨우 암시만 되고 있으며, 그저 대리물에 의해 표현되고 있을 뿐인 그리스도를 앞에 둔 성모의 고뇌의 표정은 성모가 실물 그대로의 상을 안고 보여줄 수 있을 어떤 표정보다 훨씬 더 강렬하다.

보스코트레카세[12]

송림松林의 빼어남. 이 숲의 지붕은 하나도 서로 얽히지 않고 쌓아 올려져 있다.

나폴리, 국립박물관

아르카이크기期[13]의 조상彫像들은 마치 아이가 이제 막 꺾은

---

11) 붉은 광장에 서 있는 러시아 정교회의 화려한 교회. 16세기에 이반 4세가 몽골군에 대한 승리를 기념해서 세웠으며 성모 마리아에게 봉헌되었다.
12) 이탈리아에서 남동쪽으로 약 12마일가량 떨어져 있는 나폴리 주의 한 코뮌으로 베수비오 산 남쪽의 산기슭 일대를 차지하고 있다.
13) 기원전 700~480년경의 시기를 가리킨다.

꽃을 다발로 묶지도 가지런하게 하지도 않고 우리를 향해 내미는 것처럼 미소를 머금은 채 자신들의 육체에 대한 의식을 바라보는 이에게 보내고 있다. 그에 반해 후대의 예술은 〔잎 가장자리가 톱니 모양으로 된〕 겨풀로 오래갈 수 있는 꽃다발을 엮는 어른처럼 좀더 단단하게 표정을 관리하고 있다.

피렌체, 세례당[14]

정문에 안드레아 피사노[15]의 「희망(*Spes*)」. 그녀[16]는 앉은 채 아무래도 닿지 않을 과일 쪽으로 맥없이 양팔을 뻗고 있다. 하지만 그녀에게는 날개가 달려 있다. 이것보다 더 진실인 것도 없다.

하늘

꿈속에서 나는 한 집에서 걸어 나와 밤하늘을 바라보았다. 하늘에서는 강렬한 광선이 쏟아져 내렸다. 이처럼 온 세상이 별

---

14) 세례당 남쪽 입구의 청동문은 세례자 성 요한의 일생 및 덕의 알레고리 상(「희망」은 그중의 하나이다)을 그린 총 28개의 부조 패널로 이루어져 있다.
15) 1290년경~1349년. 이탈리아의 금세공사이자 조각가.
16) 라틴어 spes는 여성 명사로 이 상도 여성의 모습을 하고 있다.

일 때는 사람들이 별들을 합쳐 만들어내는 성좌들의 이미지가 눈에 보이는 것이 되어 바로 지금 앞에 나타나기 때문이다. 사자자리, 처녀자리, 저울자리, 그 밖의 다른 많은 별자리들이 촘촘한 별 덩어리가 되어 지상을 가만히 내려다보고 있었다. 달이라곤 보이지 않았다.

안경점

여름에는 뚱뚱한 사람들이 눈에 잘 띄지만 겨울에는 마른 사람들이 눈에 잘 띈다.

봄, 밝은 햇빛 아래서는 어린 잎이, 차가운 빗속에서는 채 잎이 달리지 않은 가지가 눈에 띈다.

야회가 어떠했는지를 뒤에 남은 사람들은 접시와 컵, 잔과 음식들의 위치를 보고 한눈에 알 수 있다.

---

1) 七變化. 7가지 소품 무용을 조합시켜 한 명의 배우가 연속적으로 모습을 바꾸며 춤추는 것을 가리킨다.

구애의 기본 원칙. 칠변화.[1] 갈망하고 있는 상대방 여성 주위를 돌며 칠변화를 행할 것.

시선은 인간의 찌꺼기이다.[2]

---

2) 영어본은 이 문장을 "눈 속에서 인간을 마지막 앙금까지 볼 수 있다"로, 불어본은 "시선은 인간의 밑바닥에 남아 있는 마지막 한 방울이다"라고 번역하고 있다.

장난감들

공작용 그림책

부스들이 흔들리는 대형 거룻배처럼 사람들로 북적거리는 석재 방파제 양쪽에 기항하고 있다. 범선들에서는 우뚝 솟은 돛대 위에 깃발들이 늘어뜨려져 있고 증기선의 굴뚝들에서는 연기가 피어오르고 있으며 하역선들은 오랫동안 짐을 실은 채 그대로 있다. 그러한 배들 사이에 있는 배들의 선복船腹으로 사람들이 사라져간다. 들어갈 수 있는 것은 오직 남자뿐이다. 하지만 해치를 통해 여자들의 팔, 베일, 공작 깃털 장식이 보인다. 다른 곳, 상갑판에서는 낯선 사람들이 서서 구경꾼들에게 겁이라도 주려는 듯 기괴한 음악을 연주하고 있다. 그러나 사람들은 얼마나 무관심하게 듣고 지나치는가. 배의 통로로 사용되는 넓은 회전문을 통해 주저하듯 위로 올라갈 수 있는데 위에 있는 한 모든 것이 육지와 단절되어 있다는 것을 깨닫게 될 것이다. 얼마 후 묵묵히 멍한 표정으로 아래서 다시 나오는 사람들은 색소를 섞은 알코올이 올라갔다 내려갔다 하는 빨간 계기판 위에 본인들의 결혼 생활이 나타났다가 사라지는 것을 보고 온 것이다. 계기판의 눈금이 제일 아래로 내려가면 노란색 옷을 입은 남자가 구애를 하기 시작하고 파란색 옷의 여자 곁을 떠나는 식이다. 거울을 들여다보면 발을 디디고 있는 바닥이 물처럼 흘러가는 모습이 보였다. 그리고 빙글빙글 회전하는 계단을 통해 문 밖으로 비틀거리며 나왔다. 이 선단은 이 일대에 불온한 분위기를 조성했다. 안에 승선해 있는 여자들과 소녀들은 콧대가 보통이 아니며, 음식물은 모두 빈둥거리는 천국에서 직접 실어 보낸 것이다. 대양에 의해 어찌나 철저하게 격리되었는지 여기서는 모든 것을 마치 처음인 동시에 마지막으로 보는 것처럼 마주하게 된다. 바다사자와 난쟁이, 개는 마치 노아의 방주에서처럼 보관되어 있다. 심지어 철도조차도 이 기회를 놓쳐서는 안 된다고 말하려는 듯 이곳으로 들어와 터널을 끊임없이 일주하고 있다. 며칠 사이에 이 일대는 남해의 한 섬의 항구가 되고 마을 주민들은 미개인이 되는데, 그들은 유럽이 자신들 발밑에 던지는 것이 탐나기도 하고 신기하기도 한 나머지 거의 죽을 지경이 되어 있다.

표적[1]

사적장[2]의 풍경들을 기술해 한 권의 책으로 정리할 필요가 있을 것이다. 예를 들어 북극의 황무지를 배경으로 곳곳에 하얀 사기 파이프 다발을 방사상으로 묶어 표적으로 잘 보이도록 만들어놓을 수 있을 것이다. 뒤쪽에는 흐릿한 선으로 대충 그려놓은 숲을 배경으로 두 명의 산림청 직원이, 바로 앞에는 마치 이동 소품처럼 도발적인 가슴을 한 두 명의 세이렌이 유성 페인트로 그려져 있다. 다른 곳에서는 파이프들이 여자들의 머리카락 사이로 곤두서 있는데, 이들이 치마를 입고 있는 모습으로 그려진 적은 거의 없으며 대개는 속옷 바람이다. 또는 여자들이 손에 펼쳐 들고 있는 부채에서 뾰족 튀어나온 표적도 있다. 움직이는 파이프들은 저 뒤쪽의 '비둘기 사격' 부스에서 천천히 회전하고 있다. 다른 부스에서는 연극을 연출하고 있는데, 관객들이 엽총을 들고 그것을 감독하고 있다. 과녁에 명중시키면 공연이 시작된다. 언젠가는 한번 그러한 상자가 36개나 늘어서 있었는데, 각각의 무대 위에는 제목이 쓰여 있어 어떤 것을 보게 될지 예상할 수 있도록 되어 있었다. 예를 들어 '감옥의 잔다르크', '환대', '파리의 거리들'과 같은 식이다. 그리고 다른 부스에는 '사형 집행'이라고 쓰여 있었다. 닫힌 문 앞에는 단두대와 검은 법복의

---

[1] 이 구절은 1926년 봄 파리에서 쓴 것으로 추정된다. 문장 중에 나오는 사적장 각종 부스의 제목은 모두 프랑스어로 되어 있다.
[2] 射的場. 목표물을 만들어놓고 활이나 총을 쏘는 연습을 하는 곳.

재판관 한 명과 십자가를 들고 있는 성직자 한 명. 총알이 명중하면 문이 열리고 범죄자가 두 명의 형리 사이에 서 있는 나무판이 나온다. 그는 자동적으로 단두대의 칼날 아래 목을 넣으며, 이어 목이 잘려 나간다. 또 그와 비슷한 방식으로 '결혼의 기쁨'이 있다. 초라한 실내가 나타난다. 아버지가 방 한가운데 있는 모습이 보인다. 무릎 위에 아이를 앉히고 노는 손으로는 다른 아이가 자고 있는 요람을 흔들고 있다. '지옥' ─ 입구가 양쪽으로 열리면 악마가 한 가엾은 영혼을 괴롭히고 있는 것이 보인다. 옆에서는 다른 악마가 한 수도사를 영겁의 저주를 받은 자들을 푹푹 삶고 있는 가마 쪽으로 끌고 가고 있다. '도형 감옥' ─ 앞에 간수가 있는 문. 표적이 명중되면 간수가 종의 밧줄을 당긴다. 종이 울리고 문이 열린다. 두 명의 죄수가 큰 바퀴를 부지런히 굴리고 있는 모습이 보인다. 그것을 계속 굴려야만 하는 것처럼 보인다. 또 다른 상황. 춤추는 곰을 데리고 있는 바이올린 연주자. 표적이 명중되면 바이올린의 활이 움직인다. 곰이 앞발로 드럼을 치며, 한쪽 뒷발을 들어올린다. 「용감한 꼬마 재봉사」라는 동화를 떠올리지 않을 수 없는데, 또한 잠자는 미녀가 한 발의 총성과 함께 잠에서 깨어나거나 백설 공주가 한 발의 총성에 의해 독사과로부터 해방되거나 빨간 모자가 한 발의 총성으로 구출되는 것을 상상해보아도 좋을 것이다. 총알은 마법과 같은 힘으로 괴물들이 정체를 드러내도록 해 그들이 원래는 왕녀라는 것을 밝혀주는 치유력을 갖고 인형들의 삶에 끼어드는 것이다. 아무런 제목도 쓰여 있지 않은 큰 문의 경우도 마찬가지이다. 제대로 명중되면 문이 열리고 빨간색 플러시 천으로 된 커튼 앞에 한 명의 무어인이 서 있는데, 가볍게 인사하는 듯한 동작을 하고 있다. 그는 앞에 금색 접시를 들고 있다. 접시 위에는 과일이 세 개 놓여 있다. 첫번째 과일이 열리자 안에 서 있던 자그마한 인물이 인사를 한다. 두번째 것 안에는 마찬가지로 작은 인형 두 개가 춤을 추며 돌고 있다(세번째는 열리지 않았다). 그 밑, 다른 배경이 얹혀 있는 책상 앞에는 목재로 된 작은 기수가 있고 '지뢰가 깔린 길'이라는 제목이 붙어 있다. 표적에 명중시키면 빵 하는 소리를 내며 기수가 말과 함께 공중제비 돌기를 하는데, 물론 기수는 — 잘 알다시피 — 말에 걸터앉은 상태로 있다.

입체 안경〔스테레오스코프〕

리가. 매일 열리는 시장, 처마가 낮은 목재 점포들이 밀집해 있는 도시가 방파제를 따라, 널찍하고 지저분한 돌 제방 — 창고 같은 것은 없다 — 을 따라 드비나 강 양쪽으로 길게 뻗어 있었다. 소형 증기선 — 종종 굴뚝을 포함해도 방파제의 안벽 위로까지 모습이 보이지 않는 경우가 많았다 — 이 이 칙칙한 난쟁이 도시에 기항하곤 했다(대형 선박은 드비나 강 하류에 정박하고 있다). 그을음으로 더러워진 널빤지는 점토색 바탕으로, 위에서는 불과 몇 개 되지 않는 색깔들이 차가운 대기 속에서 빛나면서 녹아가고 있다. 이곳에서는 판잣집으로 된 생선 가게, 고깃

간, 구둣방, 옷 가게 이외에도 색색의 종이 채찍을 파는 소시민 계급의 여자들이 골목 여기저기에 서 있는 모습을 1년 내내 볼 수 있는데, 그것은 서유럽에서는 크리스마스 무렵에만 볼 수 있는 것이다.[3] 가장 좋아하는 사람의 목소리로 혼내주는 것 — 이 채찍은 그러한 느낌이다. 많은 색지를 묶은 이 체벌 도구는 몇 상팀으로 살 수 있다. 부두의 막다른 곳, 나무 울타리에 둘러싸여 있으며 강에서 불과 서른 발자국밖에 안 떨어진 곳에 사과 시장이 있는데, 빨간색에 흰색이 섞인 사과가 산을 이루고 있다. 팔려고 내놓은 사과는 짚으로 둘둘 말려 있으며, 팔린 사과는 짚은 빼고 사과만 주부의 장바구니에 담겨진다. 뒤쪽으로는 암적색 교회가 우뚝 솟아 있는데, 상쾌한 11월의 공기 속에 한껏 물이 오른 사과 앞에서는 빛을 잃고 만다 — 부두에서 멀지 않는 곳에 선원이 필요로 하는 물건들을 파는 작은 가게가 몇 개 있다. 그곳에는 로프들이 그려져 있다. 도처에서 상품을 간판에 그려놓거나 아니면 가게의 벽에 휘갈겨놓은 것을 볼 수 있다. 시내에 있는 한 상점의 회반죽이 칠해져 있지 않은 기와 벽 위에는 실물보다 큰 트렁크와 가죽 끈이 그려져 있다. 지붕이 낮은 한 길모퉁이 건물에는 코르셋과 부인용 모자 가게가 하나 들어서 있는데, 이 가게 벽의 황토색 바탕에는 화장한 숙녀들의 얼굴과 꽉 조여 맨 코르셋이 그려져 있어 흥취를 더하고 있다. 이 건물

---

[3] 독일의 일부 지방에서는 12월 6일에 자루와 채찍을 든 산타클로스가 나타나 착한 아이에게는 선물을 주고 나쁜 아이에게는 채찍으로 벌을 주는 풍습이 있다.

앞 모퉁이에는 가로등이 서 있는데, 그것의 유리 창문에도 동일한 그림 도안이 그려져 있다. 이것들 모두 상상 속의 창녀촌의 정면과 같았다. 마찬가지로 항구에서 멀지 않은 다른 한 건물의 회색 벽에는 설탕 자루와 석탄이 회색과 검은색으로 입체적으로 묘사되어 있다. 다른 곳에서는 구두가 풍요의 뿔[4]에서 비처럼 내리고 있다. 한 간판에는 철제품이 해머, 톱니바퀴, 펜치, 가장 작은 나사에 이르기까지 하나하나 그려져 있는데, 마치 이제는 낡은 것이 된 아이들의 색칠 그림 노트의 밑그림처럼 보인다. 이 도시는 이러한 그림들로 넘쳐나고 있다. 마치 서랍으로 조립해놓은 것 같다. 하지만 그것들 사이에는 드높은, 마치 요새 같은 음산한 건물들이 수없이 솟아 있어 제정 러시아 시대 전제 정치의 온갖 공포를 떠올리게 하고 있다.

비매품

1년에 한 번 열리는 루카[5]의 시장에 나온 꼭두각시 인형관. 길게 뻗어 좌우 대칭으로 나뉜 텐트 안에서 전시가 이루어지고 있다. 계단을 몇 개 올라가면 들어갈 수 있다. 간판에는 움직이지 않는 인형이 몇 개 놓여 있는 테이블이 그려져 있다. 우측 입구를 통해 텐트 안으로 들어가 좌측으로 나오도록 되어 있다. 밝

---
4) 산양의 뿔에 꽃이나 과일을 담은 것.
5) 이탈리아 중부에 있는 마을.

은 내부에는 두 개의 테이블이 안쪽으로 뻗어 있다. 안쪽의 기다란 모퉁이에서는 두 테이블이 붙어 있기 때문에 주위의 좁은 공간으로밖에 걸어 다닐 수 없다. 두 테이블 모두 낮고 유리로 덮여 있다. 테이블 위에는 인형이 서 있고(높이는 평균 20~25센티미터), 보이지 않도록 덮여 있는 아래쪽에서는 인형을 움직이는 태엽 장치가 째깍째깍 울리는 소리가 들린다. 아이들을 위한 작은 디딤판이 테이블 옆을 따라 놓여 있다. 벽들에는 도깨비 거울이 걸려 있다.

입구에서는 바로 왕후장상들이 보인다. 모든 인형이 이런저런 동작을 하고 있다. 오른팔 또는 왼팔을 크게 내밀며 초대하는 듯한 동작을 하고 있는가 하면 유리 눈알을 좌우로 굴리고 있는 것도 있다. 눈동자를 빙글빙글 굴리면서 동시에 양팔을 움직이는 것도 몇 개 있다. 프란츠 요제프 1세,[6] 양쪽에 두 명의 추기경을 거느리고 옥좌에 앉아 있는 피우스 9세,[7] 이탈리아의 엘레나 왕비,[8] 술탄의 비, 말 위의 빌헬름 1세,[9] 작은 나폴레옹 3세[10]의 인형, 그리고 그보다 더 작은 황태자 시절의 비토리오 에마누엘레 2세[11]의 인형이 서 있다. 다음으로는 성서 속의 인물들로, 그

---

6) 오스트리아 황제로 1848~1916년 동안 재위했다.
7) 로마 황제로 1846~1878년 동안 재위했다.
8) 전후 맥락에서 볼 때 이것은 비토리오 에마누엘레 2세의 비 마리아 아델라이데(1822~1855년)가 맞을지도 모른다.
9) 프로이센 국왕으로 1861~1888년 동안 재위했다. 1871년부터는 독일 황제를 겸했다.
10) 프랑스 황제로 1852~1870년 동안 재위했다.

런 다음에는 다시 그리스도 수난 이야기로 이어진다. 헤로데[12]는 머리를 온갖 방식으로 움직이면서 유아 살해를 명령하고 있다. 그는 크게 입을 벌리고 고개를 끄덕이며 팔을 뻗었다가 다시 내린다. 그 앞에는 두 명의 교수형 집행관이 서 있다. 하나는 팔 밑에 목이 잘린 아이를 안고 예리한 칼을 제멋대로 휘두르고 있으며 이제 막 찌르려고 하는 다른 한 명은 눈동자를 굴리는 것 말고는 완전 부동 상태이다. 그리고 옆에는 어머니가 두 명 있다. 한 명은 울증 환자처럼 끊임없이 머리를 떨듯이 흔들고 있고 다른 한 명은 애원하는 듯한 몸짓으로 양팔을 천천히 뻗어 올리고 있다.

다음으로는 그리스도가 십자가에 못 박히는 장면. 십자가는 땅에 놓여 있다. 형리들이 못을 박는다. 그리스도가 고개를 끄덕인다.

십자가에 매달린 그리스도에게 초를 듬뿍 묻힌 스펀지로 목을 축여주는데, 한 병졸이 그것을 천천히, 움질움질 내밀다가 갑자기 다시 거두어들인다. 그럴 때마다 구세주는 턱을 아주 조금 들어 올린다. 뒤에서는 피를 받을 잔을 든 천사가 십자가 위에 몸을 구부려 잔을 내밀고, 그것이 가득 차기라도 한 듯 도로 물리고 있다.

다른 테이블은 풍속화와 같은 정경을 보여준다. 고기만두를

---

11) 최후의 사르데냐 국왕으로 1849~1861년 동안 재위했다. 이어 최초의 이탈리아 국왕에 등극해 1861~1878년 동안 재위했다.
12) 기원전 73년경~기원전 4년. 유대의 왕.

잔뜩 먹고 있는 가르강튀아.[13] 한 접시 가득 고기만두를 앞에 둔 그는 양손을 삽처럼 사용해 만두를 입에 쓸어 넣고 있는데, 양팔을 교대로 들어 올리고 있다. 양손에는 저마다 만두가 하나씩 꽂혀 있는 포크가 쥐어져 있다. 실을 잣는 알프스 처녀. 바이올린을 켜고 있는 두 마리의 원숭이.

마법사가 두 개의 술통 같은 용기를 앞에 두고 있다. 오른쪽 용기가 열리면 안에서 여성의 상반신이 솟아오른다. 그러고는 바로 다시 가라앉는다. 왼쪽 용기가 열린다. 여기서는 남자의 몸이 절반 정도 올라온다. 다시 오른쪽 용기가 열리고, 이번에는 양쪽 뿔 사이로 앞의 여성의 얼굴이 달린 수컷 산양의 두개골이 떠오른다. 그런 다음 다시 왼쪽에서 무언가가 올라온다. 남자 대신 원숭이가 나타난다. 그런 다음 다시 모든 것이 처음부터 반복된다.

또 다른 마법사. 테이블을 앞에 두고 양손에는 각각 거꾸로 잔을 들고 있다. 잔을 교대로 들어 올리자 잔 밑에서 빵, 사과, 꽃, 주사위가 나타난다. 마법의 샘. 농가의 남자아이가 머리를 좌우로 흔들면서 두레박 우물 앞에 서 있다. 두레박을 끌어올리자 우물에서는 유리에서 나오는 두툼한 빛이 한 치도 흔들림 없이 흘러나온다.

마법에 걸린 연인들. 황금색 숲 또는 황금색 불꽃이 양쪽 문을 좌우로 연다. 안에 두 개의 인형이 보인다. 얼굴을 서로 마주

---

13) 라블레, 『가르강튀아와 팡타그뤼엘』(1534년)의 주인공으로 대식한의 거인.

보았다가 다시 등을 돌린다. 서로 얼굴을 마주 보고는 너무 놀라 당황하는 것처럼.

모든 인형 밑에는 제목이 적힌 작은 종이가 있다. 이것들 모두 1862년의 것이다.

외래 환자 진료소

저자는 상념을 카페의 대리석 테이블에 올려놓는다. 오랜 관찰. 즉 그는 글라스 — 환자를 진찰하기 위해 사용하는 렌즈 — 가 앞에 놓일 때까지의 시간을 이용하는 것이다. 그런 다음 천천히 수술 도구를 꺼낸다. 만년필, 연필, 그리고 파이프. 원형 극장에서와 같이 주위에 둘러앉은 많은 손님들은 임상 강의의 관객이 된다. 조심스럽게 따라 조심스럽게 음미하는 커피는 상념을 클로로포름의 지배하에 놓는다. 이 상념이 생각하고 있는 것은 마치 마취당한 환자의 꿈이 외과 수술 집도와 거의 아무런 관련도 없는 것처럼 현재의 상황과는 아무런 관련도 없다. 원고의 신중한 윤곽선을 보아가면서 집도의는 여기저기를 절개하며 체내에서 강조점을 이동시키고, 너무 증식해버린 말(語)의 종기를 지져서 제거해버리고 외래어를 하나 은제 늑골로 삽입해본다. 마침내 구두점과 함께 전신이 가는 실로 봉합된다. 집도의는 웨이터, 그의 조수에게 보수를 지불한다.

세놓음

바보들이나 비평의 쇠퇴를 애석해한다. 비평의 명맥이 끊어진 지 이미 오래인데도 말이다. 비평이란 정확하게 거리를 두는 문제이다. 비평이 본래 있어야 할 곳은 원근법적 조망과 전체적 조망이 중요한 세계, 특정한 관점을 취하는 것이 아직도 가능한 세계이다. 그런데 지금 온갖 사물들이 너무 긴박하게 인간 사회를 짓누르며 다가오고 있다. '편견 없는', '자유로운 시선' 같은 것은 — 그저 전혀 그럴 능력이 없다는 것을 있는 그대로 표현하는 방식이 아니라면 — 거짓말이 되었다. 오늘날 사물의 핵심에 가장 본질적으로 가 닿는 시선은 광고라고 불리는 상업적 시선이다. 광고는 자유롭게 관찰할 여지를 없애버리며, 영화의 스크린에서 차가 점점 더 거대해지면서 우리 쪽으로 흔들리며 질주해 오듯이 사물들을 바로 우리 눈앞에까지 들이민다. 마치 영화에서 가구와 건물 정면을 완전한 모습으로 비판적인 관찰에 제시하는 것이 아니라 가까이 있는 것만을 단지 집요하게, 그러다가 갑자기 센세이셔널하게 부각시키는 것과 마찬가지로 진짜 광고는 사물들을 뛰어난 영화에 상응하는 속도로 우리에게 퍼붓고 있다. 그와 함께 '사실에 충실함'이라는 태도〔객관성〕는 마침내 처리되며, '클로로돈트'와 '슬레이프니르'[1])가 거인들이 쓰기에 딱 알맞은 크기로 건물들의 벽에 그려져 있는 거대한 그림들 앞에서 다시 기력을 회복한 감상성이 마치 이미 아무것에도 감동받지 않고 어떤 것에서도 감흥을 느끼지 않게 된 사람들이 영화관 안에서 다시 눈물을 흘리는 법을 배우듯이 미국식으로 해방된다. 하지만 일반 사람들에게 사물들이 그런 식으로 다가오도록 하는 것, 사물과 적절하게 접촉할 수 있도록 해주는 것은 다름 아닌 돈이다. 미술상에게서 돈을 받고 화랑에서 그림 가격을 조작하는 평론가는 화랑의 쇼윈도를 통해 그림을 바라보는 예술 애호가들보다 어느 그림이 뛰어난지는 아니더라도 어느 것이 더 중요한지는 훨씬 더 잘 알고 있다. 주제의 따뜻함이 그에게 전달되어 다감한 기분이 들게 한다 — 과연 광고를 비평보다 뛰어난 것으로 만들고 있는 것은 무엇일까? 빙글빙글 도는 빨간 네온사인이 말하고 있는 내용이 아니다 — 아스팔트 위에서 그것을 비추며 불처럼 빛나고 있는 물웅덩이가 그것이다.

---

1) '클로로돈트'는 크림 치약. '슬레이프니르'는 원래 북유럽 신화의 주신 오딘이 타는 8개의 다리를 가진 회색 말의 이름인데 무슨 상표인지는 알 수가 없다.

사무용품

사장실은 무기들로 꽉 차 있다. 들어오는 사람을 편안한 곳인 듯 무장 해제시키는 이 방은 실제로는 위장한 병기고이다. 사무용 책상 위의 전화는 끊임없이 울린다. 그것은 가장 중요한 순간에 이쪽 이야기를 방해하고 상대에게 대답을 궁리할 여유를 준다. 그러는 사이 전화 때문에 단속적으로 이루어지는 대화는 그곳에서 지금 이야기를 나누고 있는 용건보다 훨씬 더 중요한 사항들이 얼마나 많이 다루어지고 있는지를 짐작할 수 있도록 해준다. 마음속으로 그렇게 생각되기 시작하면 사람들은 슬금슬금 자기 입장에서 뒷걸음치기 시작한다. 도대체 누구 이야기를 하고 있는지 궁금해지기 시작하며, 눈앞에서 대화하고 있는 사람이 내일 브라질에 간다는 이야기를 듣고는 아연실색하게 된다. 곧 이쪽은 이 회사에 대한 강렬한 연대감 같은 것을 느끼게 되어 저쪽이 전화로 편두통에 관해 불평을 털어놓기라도 하면 (그것을 절호의 기회라고 생각하는 대신) 그것이 사업에 방해가 될까봐 걱정하게 된다. 부른 것인지 그렇지 않은 것인지는 몰라도 여비서가 들어온다. 그녀는 아주 아름답다. 고용주가 그녀의 매력에 무관심한 것은 면역이 되어 있기 때문인지 아니면 이미 오래전에 그녀의 숭배자라는 것을 분명히 했기 때문인지 정확히 알 수는 없지만 신참은 그녀에게 여러 차례 시선을 보내게 된다. 그리고 그녀는 그것을 상사에게 유리하게 이용하는 방법을 꿰뚫고 있다. 그의 직원들이 이리저리 움직이며 카드함들을 책상 위에 늘어놓는데, 방문객은 이들 카드함 안에 자기가 다양한 항목으로 나뉘어 등록되어 있는 것을 보게 된다. 그는 지치기 시작한다. 그러나 빛을 등에 진 상대방은 햇빛 때문에 눈부셔 하고 있는 손님의 얼굴 표정을 보며 만족해 한다. 팔걸이의자도 효과를 발휘한다. 거기 치과 병원의 의자에서처럼 깊숙이 뒤쪽으로 기대어 앉게 되면 이처럼 귀찮은 절차도 결국에는 일을 처리하려면 마땅히 따라야 할 과정처럼 생각되게 된다. 이러한 치료 후에는 빠르든 늦든 청구서가 도착할 것이다.

한 개씩 포장한 화물: 운송과 포장

아침 일찍 나는 마르세유를 지나 역을 향해 차를 몰고 있었다. 도중에 낯익은 장소들, 그리고 이어 낯선, 처음 보는 장소들 또는 정확하게 기억나지 않는 다른 장소들을 지나가면서 도시는 손 안에 든 한 권의 책이 되었다. 나는 그것이 내 눈에서 벗어나 창고의 짐 꾸러미 속으로 사라지기 — 얼마나 오랫동안이 될지 누가 알겠는가 — 전에 재빨리 그러한 책 안으로 몇 차례 시선을 던졌다.

재단장을 위해 폐업함!

꿈속에서 나는 총으로 목숨을 끊었다. 총알이 발사되었을 때 나는 잠에서 깨어난 것이 아니라 한동안 내가 주검이 되어 누워 있는 것을 보았다. 그런 다음에야 비로소 눈을 떴다.

셀프서비스 레스토랑 '아우게이아스' [1]

중년을 넘긴 독신남의 생활 방식에 대한 가장 강력한 이의 제기는 이렇다. 그는 혼자 식사한다는 것이 그것이다. 혼자 식사하게 되면 조잡하고 엉성해지기 쉽다. 혼자 식사하는 데 익숙해져버린 사람은 초라해지지 않으려면 스파르타식으로 살아야 한다. 단순히 이러한 이유에서였는지는 몰라도 은둔자들은 검약한 생활을 했다. 먹는다는 것은 공동생활 속에서만 정당한 의미를 갖기 때문이다. 음식은 나누고 함께할 때만이 비로소 음식다워진다. 음식을 함께 나누는 사람이 누구라도 상관이 없다. 옛날에는 식사할 때마다 걸인이 하나 합류해 식탁을 화기애애하게

---

[1] 그리스 신화에 등장하는 엘리스의 왕. 30년간이나 청소를 하지 않았던 그의 축사를 헤라클레스가 하루 만에 청소했다고 한다. 여기서 '아우게이아스의 축사'라고 하면 불결한 장소, 난잡한 상태를 가리킨다.

만들었다. 서로 나누어 주는 것이 무엇보다 중요하며, 한 자리에 둘러앉아 나누는 사교상의 대화 같은 것은 중요하지 않다. 그에 반해 놀랍게도 음식이 없으면 화기애애함이 사라지게 된다. 대접은 사람들을 비슷하게 만들어주고 결속시켜준다. 생제르맹 백작[2]은 진수성찬으로 가득한 식탁을 앞에 두고도 어느 것 하나 입에 대지 않았으며, 바로 그것만으로도 대화를 지배할 수 있었다. 그러나 모든 사람이 절제하면 경쟁심이 생겨나 싸움으로 이어지게 된다.

---

2) 1707년경~1784년. 본명과 경력 모두 불명. 만능의 천재로 불리며 프랑스 사교계의 명사였다.

우표상

오래된 편지 더미를 바라보고 있자면 찢겨진 봉투에 붙어 있는, 이미 오래전에 통용되지 않게 된 우표가 몇 다스의 편지보다 훨씬 더 많은 것을 말해주는 경우가 종종 있다. 종종 그림엽서에 붙어 있는 우표와 맞닥뜨리곤 하는데, 마치 옛날 거장이 그림을 그린 종이 뒤쪽에 앞의 그림과는 다르지만 똑같이 중요한 그림이 그려져 있는 경우처럼 과연 우표를 떼어내야 할지 아니면 지금 그대로 보존하는 것이 좋을지 고민이 될 때가 있다. 또한 카페의 유리 상자 안에는 우편 요금이 부족해 만인의 눈앞에 비웃음거리가 되어버린 편지도 있다. 아니면 그러한 편지들은 이곳으로 유배되어 이 유리로 된 살라이고메스 섬[1]에서 수많은 세월

---

1) 남태평양에 떠 있는 무인도로 1793년 스페인 탐험가인 호세 살라스 발데스에

을 보내며 몸이 여위어가야만 하는 것일까? 오랫동안 뜯어 보지 않고 놔두었던 편지에는 어딘가 잔혹한 면이 있다. 그들은 상속권을 상실한 자들로, 오랜 세월 고통의 나날을 보낸 것에 대한 반감에 은밀히 복수를 꾀하고 있다. 그러한 편지 중 많은 것이 나중에 고우표상의 쇼윈도 안에 마치 낙인처럼 덕지덕지 소인이 찍힌 완전한 것이 되어 나타난다.

주지하는 대로 소인이 찍힌 우표만을 원하는 수집가가 있는데, 그들만이 비밀을 파헤치고 들어갔다고 간주해도 큰 무리는 아니라는 생각이 든다. 그들은 우표의 마술적인 부분에만 관심을 갖는다. 즉 소인에만. 소인은 우표의 밤의 측면이기 때문이다. 소인에는 빅토리아 여왕의 머리 주위를 후광으로 장식해주고 있는 축제 같은 것과 움베르토 1세[2]에게 순교자의 〔면류〕관을 씌워주는 예언적인 것이 있다. 그러나 검은색 소인을 찍어 인간의 얼굴을 지렁이 같은 줄무늬로 뒤덮거나 지구의 전 대륙에 지진이라도 난 것처럼 균열을 생기게 하는 것 등은 어떠한 사디스트의 공상도 감히 다다르지 못한 행위일 것이다. 그리고 이처럼 능욕당한 우표의 몸을 레이스 테두리로 장식된 하얀 명주 옷, 즉 톱니 모양으로 나 있는 가장자리 부분과 비교할 때의 도착적

의해 발견되었다. 벤야민은 분명히 독일 후기 낭만파 작가 샤미소의 시 「살라스 이 고메스」(1829년)를 통해 이 섬을 알게 되었을 것이다.
2) 이탈리아 국왕(1844~1900년)으로 1878~1900년 동안 재위했다. 보수적 성향에 친독일 정책을 폈던 그는 밀라노 근처의 몬차에서 무정부주의자에게 암살당했다.

인 즐거움. 소인을 찾아다니는 사람은 마치 탐정처럼 극히 악명 높은 우체국에 관한 인상착의들을, 그리고 고고학자처럼 듣도 보도 못한 지명의 단편으로부터 어떤 장소를 찾아내는 기술을, 나아가 카발라 학자처럼 1세기 전체의 날짜들의 목록을 소유하고 있어야 한다.

우표는 작은 숫자들, 미세한 글씨들, 조그만 잎과 눈 같은 것들로 가득 차 있다. 그들은 그래픽적인 세포 조직이다. 이 모든 것이 사방에서 우글거리고 있으며, 하등 동물처럼 잘려 나가도 되살아난다. 우표의 작은 조각들을 이어 맞춰 붙이면 그토록 강렬한 그림이 완성되는 것은 바로 이 때문이다. 그러나 그러한 그림 위에서 생명은 항상 그것이 죽은 것들로 조립되었다는 표시로 어렴풋이나마 썩은 악취를 풍기고 있다. 그것들로 만들어진 초상과 음란한 군상에는 백골과 산더미 같은 구더기가 어지러이 흩어져 있다.

긴 우표 세트의 죽 늘어서 있는 색채 속에는 혹시 이국의 태양 광선이 굴절되고 있는 것일까? 바티칸 시국이나 에콰도르의 우정성에서는 우리 타관 사람들은 모르는 광선을 받아들였던 것일까? 그러면 왜 우리에게 지구보다 더 멋진 행성들의 우표를 보여주지 않는 것일까? 금성에서 유통되고 있는 천 개의 색깔을 가진 진홍색 우표와 회색의 대형 화성 우표 4장이나 숫자가 전혀 없는 토성의 우표를?

나라들과 대양들은 우표 위에서는 그저 지방일 뿐이며 왕들은 숫자들의 용병들 — 그것들 위에 숫자는 제멋대로 색깔을 입힌다 — 에 지나지 않는다. 우표 앨범은 마술 편람으로, 안에는 군주와 궁전의 수, 동물과 알레고리 그리고 국가의 수가 기록되어 있다. 우표의 유통은 마치 행성들의 운행이 천상의 숫자의 조화에 기반하고 있듯이 이들 숫자의 조화에 기반하고 있다.

타원형 안에 커다란 글씨로 오직 한 글자 또는 두 글자만 써져 있는 옛날의 그로셴[3] 우표. 그것은 검은 래커로 칠한 사진틀 안에서 우리는 결코 모르는 친척들이 우리를 내려다보고 있는 초기의 사진들과 비슷하다. 즉 숫자 모양의 증조할머니나 선조들. 트룬 앤 탁시스[4]의 우표 위에도 커다란 숫자가 기입되어 있다. 그것은 마법에 걸린 택시 미터기의 숫자 같다. 어느 날 밤 〔그것을 비춰 봤을 때〕 그것을 통해 뒤에서 촛불이 빛나고 있는 것이 보인다고 해서 이상하게 생각할 필요는 없을 것이다. 게다가 작은 우표 중에는 톱니 모양의 가장자리도, 통화 표시도, 나라 표시도 없는 것이 있다. 거미줄처럼 올이 촘촘한 그물코 안에 달랑 숫자만 하나 있을 뿐이다. 그러한 것들이야말로 진정한 운명의 제비(lot)일지도 모른다.

---

3) 오스트리아나 옛날 독일에서의 소액 화폐 단위.
4) 19세기 중반까지 신성 로마 제국에 대한 우편 특허권을 소유하고 있던 귀족 가문. 유럽에서는 '우편 서비스'와 동의어였다.

터키의 피아스타〔소액 화폐 단위〕우표의 글씨체는 콘스탄티노플 출신의 절반만 유럽화된 교활한 상인이 잔뜩 멋을 부려 넥타이 위에 비스듬히 고정시킨, 그러나 지나치게 번쩍거리는 장식 핀과 같다. 이들 우표는 우편 세계의 벼락부자로, 은행의 지폐처럼 꾸민 그것들은 거대하기만 하지 이도 제대로 뚫리지 않은 니카라과나 콜롬비아의 현란한 우표와 동족이다.

요금 부족 우표는 우표들의 심령과 같다. 그들은 모습을 바꾸지 않는다. 군주와 정체政體의 교체도 이러한 우표 옆을 지날 때는 마치 유령 옆을 지나가는 것처럼 아무런 흔적도 남기지 않는다.

아이는 머나먼 라이베리아를 거꾸로 잡은 오페라글라스를 통해 바라본다. 야자수가 심어져 있으며 마치 띠처럼 가늘게 늘어서 있는 바다 저편에 라이베리아가 누워 있는데, 우표에 그려진 모습 그대로이다. 아이는 바스코 다 가마[5]와 함께 배로 삼각형 주위를 도는데, 이 삼각형은 '희망봉'과 마찬가지로 이등변이며 그것의 색깔은 날씨와 함께 변화한다. 희망봉의 여행 팸플릿. 만약 아이가 오스트레일리아 우표에서 백조를 보았다면 ― 그것이 푸른색, 녹색, 갈색 우표에 찍혀 있더라도 ― 그것은 언제나 오스트레일리아에서만 볼 수 있으며, 이 우표 안에서 극히

---

5) 1469년경~1524년. 포르투갈의 항해가로 유럽인으로서는 처음으로 희망봉을 돌아 인도에 도달했다.

고요한 대양을 가르듯이 연못의 수면 위를 가르며 나가고 있는 흑조일 것이다.

우표는 큰 나라(大國)들이 아이 방에 넣어두는 명함이다.

아이는 걸리버가 되어 그가 갖고 있는 우표에 그려져 있는 나라와 민족들을 여행한다. 릴리푸티안〔소인국 주민들〕의 지리와 역사, 이 소인국의 모든 학문이 그곳의 온갖 숫자와 이름과 함께 아이가 잠들어 있는 동안 머릿속에 새겨진다. 아이는 그들의 장사에 가담하며, 심홍색으로 가득한 그들의 국회에 출석하고, 그들의 작은 배의 진수식을 바라보며, 그리고 울타리 뒤에 편안하게 앉아 있는 왕관을 쓴 두목들과 함께 기념일을 축하한다.

주지하는 대로 우표-언어라는 것이 있는데, 그것이 꽃-언어와 맺고 있는 관계는 모스 부호의 알파벳이 글자로 쓰인 알파벳과 맺고 있는 관계와 동일하다. 그렇다고는 하나 꽃들이 만개하는 시기〔우표의 전성기〕는 전신주 사이에 끼여 앞으로 얼마나 더 생명을 유지할까? 제1차세계대전 이후 나온 전면 컬러의 대형 예술 우표는 이미 이 식물상植物相에 있어서는 가을에 피는 과꽃이나 달리아가 아닐까? 슈테판[6]이라는 한 독일인 ─ 그가 장 파

---

6) 1831~1897년. 독일의 우편 제도를 확립했다.

울[7]의 동시대인이었던 것은 우연이 아니다 — 이 19세기 여름 중반에 이 씨를 심었다. 그것은 20세기를 넘어서까지는 살지 못할 것이다.

7) 1763~1825년. 독일 작가. 소설로 『헤스페루스 또는 45개[치] 우편 마감일』(1795년) 등이 있다.

예, 이탈리아어 할 줄 압니다

어느 날 밤에 격렬한 통증을 느끼면서 어떤 벤치에 앉아 있었다. 맞은편의 다른 벤치에는 두 명의 소녀가 앉아 있었다. 비밀 얘기라도 하고 싶은 듯 속삭이는 목소리로 이야기를 시작했다. 근처에는 나 말고는 아무도 없었다. 그리고 아무리 크게 얘기한다고 해도 나는 그녀들의 이탈리아어를 알아듣지 못했을 것이다. 그런데 내가 잘 모르는 말로 그럴 필요도 없는데 귓속말로 속삭이는 대화를 듣고 있자니 마치 아픈 부위에 차가운 붕대를 감은 듯한 느낌을 갖지 않을 수 없었다.

응급 기술 원조[1]

생각된 대로 표현된 진리만큼 궁핍한 것도 없다. 그러한 경우 진리를 기록해도 서툰 사진보다 못하다. 진리 또한 (우리를 사랑하지 않는 아이나 여자처럼) 우리가 검은 천 아래 쪼그리고 앉아 글쓰기〔문자〕라는 렌즈를 들이댈 때는 가만히 사랑스러운 얼굴로 이쪽을 바라봐주길 거부한다. 소동에 의해서든 아니면 음악에 의해서든 또는 도움을 요청하는 외침에 의해서든 진리는 화들짝, 돌연 일격을 당한 듯 자기 침잠에서 깨어나길 바란다. 진정한 작가의 내면에 갖춰져 있는 비상 경보기의 숫자를 다 헤아릴 수 있는 사람이 있을까? 그리고 '집필한다'는 것은 그러한

---

[1] 1919년 독일에서 생활필수품의 비축, 긴급 사태 대처 요원의 확보를 목적으로 설립한 단체. 1945년 점령군에 의해 해체되었다.

비상 경보기를 켠다는 것에 다름 아닐 것이다. 그러면 〔진리라는〕 감미로운 오달리스크[2]가 날렵하게 일어나 자기 방 — 즉 우리의 뇌 — 의 혼돈 속에 있는 것 중에 가장 먼저 손에 닿는 최고의 것을 가로채 몸에 두른 다음 거의 알아볼 수 없는 모습으로 우리 눈앞을 지나 다른 사람들에게로 도망간다. 하지만 그처럼 왜곡된 모습으로, 낭패인 채인데도 우쭐거리며 사랑스러운 모습으로 사람들 속으로 들어가려면 그녀는 얼마나 튼튼하고 건강한 신체를 갖고 있어야 할까.

2) 터키 궁정의 후궁. 등을 보이며 누워 있는 나체의 오달리스크를 그린 프랑스 화가 앵그르의 그림 「그랑 오달리스크」(1813년)가 잘 알려져 있다.

잡화

내 글 속의 인용문들은 노상강도 같아서 무장한 채 불쑥 튀어나와 여유롭게 걷고 있는 자(Müßiggänger)에게서 확신(Überzeugung)을 빼앗아버린다.

범죄자를 살해하는 것은 윤리적일 수 있다 — 그러나 그것을 정당화하는 것은 결코 그럴 수 없다.

모든 인간을 부양하는 것은 신이며, 신의 대리인들을 부양하는 것은 국가이다.

화랑을 돌아다니는 사람들은 여기에는 그림밖에 걸려 있지 않아서 실망이라는 생각을 그럴듯하게 감추지 못하고 얼굴에 그대로 드러내고 있다.

세금 상담

의심의 여지가 없는 것: 재화라는 척도와 인생이라는 척도, 즉 돈과 시간 사이에는 은밀한 연관성이 존재한다. 어떤 인생의 시간이 하찮은 것이면 것일수록 그러한 인생의 순간들은 그만큼 더 파편화되고 잡다하며 제각각 뿔뿔이 흩어지게 되는 반면, 탁월한 인간의 삶의 특징은 하나하나의 시기가 길다는 데서 찾을 수 있다. 리히텐베르크[1]가 시간의 단축 대신 시간의 세분을 제안한 것은 대단히 정확한 것이었다. 그는 이렇게 지적하고 있다. "백만 분을 수십 개 합쳐도 45년 그리고 그보다 좀더 긴 인생

---

1) Georg Christoph Lichtenberg(1742~1799년). 독일의 풍자 작가이자 실험 심리학자. 비록 리히텐베르크는 당대에는 무시무시한 풍자 작가였지만 오늘날에는 독일 최초의 위대한 아포리즘 작가로 기억되고 있다. 사후에 1,500페이지가 넘는 노트가 출간되었다. 조크, 언어학적 역설, 말놀이, 메타포, 여러 작가들로부터의 발췌문들과 함께 그것들은 수천 개의 인상 깊은 아포리즘을 보여주고 있다.

을 이룰 뿐이다."[2] 유통 중인 통화가 너무 가치가 없어 수백만 개를 모아도 별 의미가 없을 경우[3] 그나마 인생이 총액으로서는 멋지게 보이도록 하려면 년이 아니라 초를 단위로 인생을 계산하지 않으면 안 될 것이다. 또한 그에 따라 인생은 돈다발처럼 낭비되고 말 것이다. 오스트리아는 크로네[4]로 계산하는 습관을 그만둘 수가 없다.

돈과 비는 연인 사이이다. 날씨 자체가 이 세계의 상태를 나타내는 지표이다. 최상의 행복이란 구름 한 점 없이 맑게 갠 것으로 악천후를 알지 못한다. 돈의 비가 한 방울도 내리지 않는 완전한 재화의 나라, 구름 한 점 없이 맑게 갠 나라도 언젠가 도래할 것이다.[5]

은행권[지폐]에 대한 기술적記述的 분석이 이루어져야 할 것이다. 그러한 책이 갖게 될 무한히 풍자적인 힘은 그러한 책의 객관성이 갖게 될 힘에 필적하는 것이 되어야 할 것이다. 왜냐하

---

2) 라이츠만 편, 『아포리즘집』, 2편, 1907년.
3) 1923년 독일의 인플레이션 때는 빵 1개가 결국에는 몇 조 마르크나 했을 정도였다.
4) 오스트리아에서 1892년부터 이용된 화폐 단위. 1924년 실링(1실링은 1만 크로네에 상당)으로 전환되었다.
5) 이 구절의 원형에 해당하는 한 메모에서 벤야민은 독일 작가 셰르바르트의 『레사벤디오Lesabendio』(1913년)와 같은 독일 작가 쿠빈의 『이면』(1909년)이라는 두 개의 공상 소설에 대해 언급하고 있다.

면 이러한 다큐멘트들에서보다 더 자본주의가 있는 그대로의 모습을 신성한 진실성 속에서 보여줄 수 있는 곳도 없기 때문이다. 순진한 큐피드들이 숫자로 장난을 치고, 여신들이 법률이 기록된 판을 들어 올려 보이며, 용맹한 용사들이 온갖 화폐 단위를 앞에 두고 칼을 칼집에 넣는 것, 이것은 그 자체가 하나의 세계이다. 즉 지옥의 정면은 아마 그렇게 장식될 것이다 — 지폐가 널리 보급되는 모습을 보았더라면 리히텐베르크는 이러한 저작의 구상을 놓치지 않았을 것이다.

궁핍한 사람들을 위한 법적 보호

출판업자

저의 기대는 무참히 무너져버리고 말았습니다. 당신의 책은 독자들에게 전혀 먹히지 않는군요. 전혀 반향이 없습니다. 게다가 장정裝丁에도 돈을 아끼지 않았습니다. 광고에도 있는 대로 모두 돈을 털어 넣었고 말입니다 ─ 그럼에도 제가 당신을 얼마나 높이 평가하고 있는지 아실 겁니다. 하지만 이렇게 되면 저로서도 어쩔 수 없이 상인으로서의 양심에 귀를 기울일 수밖에 없다고 해서 설마 그것을 나쁘게 생각하진 않으시겠죠. 저야말로 저자 분들을 위해 최선을 다하고 있는 사람이라고 믿고 있습니다. 하지만 저도 어쩔 수 없이 처자식을 거느린 몸이라서요. 물론 지난 몇 년간의 손실이 선생님 때문이라고 말씀드리려는 것은 아닙니다. 하지만 쓰디쓴 실망감은 앞으로도 계속 남을 겁니다. 지금 당신을 계속해서 지원해드리지 못하는 점에 대해 심심한 유감을 표하는 바입니다.

저자

아니, 이런. 당신은 왜 출판업자가 되셨습니까? 답신을 보내주시길 바랍니다. 하지만 그러기 전에 한 말씀 드리겠습니다. 저는 당신의 기록 장부에는 27번으로 되어 있습니다. 당신은 제 책을 5권 출판했습니다. 즉 당신은 27번에 다섯 번 승부를 거셨습니다. 27이라는 숫자가 나오지 않은 것은 유감입니다. 게다가 당신은 연달아 두 숫자에 거는 방식으로만 돈을 거셨지요.[1] 제가 당신의 행운의 숫자인 28 바로 옆 번호라는 단순한 이유만으로 말이죠 — 당신이 왜 출판업자가 되셨는지 이제 이해하셨겠네요. 당신의 아버님과 마찬가지로 견실하게 평생 직업으로 삼았기 때문이겠지요. 하지만 항상 하루하루를 그냥 허송하는 식이었겠지요 — 그것이 청춘이죠. 앞으로도 그러한 습관에 푹 빠져 계시기 바랍니다. 하지만 성실한 상인인 체하지는 말아주십시오. 도박하듯 모든 것을 날려버린 후 내게는 책임이 없다는 식의 얼굴은 하지 마십시오. 하루에 8시간씩이나 일을 한다거나 밤에

---

[1] 룰렛에서 두 개의 번호에 걸쳐서 당첨되면 배당금은 17배가 된다.

도 거의 쉬지 못한다는 식의 얘기는 하지 마십시오. "무엇보다 먼저, 얘야, 정직하고 성실해야 한다!"[2] 그리고 숫자들을 갖고 타박하는 일 따위는 그만두십시오! 그렇지 않으면 밖으로 내쫓아버릴 겁니다!

---

2) 셰익스피어 『햄릿』, 1막 3장에서 폴로니어스는 아들 레어티즈에게 이렇게 말한다. "무엇보다 너 자신에게 정직해라. 그러면 낮이 지나면 반드시 밤이 찾아오듯이 타인에 대해서도 부정직할 수 없단다."

야간용 의사 호출 벨

성에 대한 갈망이 충족됨으로써 남자는 그의 비밀로부터 풀려나는데, 그러한 비밀은 성(욕)으로 이루어진 것이 아니라 그러한 충족 속에서, 어쩌면 그것에 의해서만 — 해소되는 것이 아니라 — 절단된다. 그것은 그를 삶에 묶어주고 있는 쇠사슬에 비유할 수 있다. 여자가 이 쇠사슬을 끊으면 남자는 비로소 자유롭게 죽을 수 있는데 왜냐하면 그의 삶이 비밀을 잃어버렸기 때문이다. 그것을 통해 남자는 새로 태어나며, 애인이 남자를 어머니의 마법으로부터 해방시키듯이 여자는 남자를 말 그대로 어머니 대지로부터 떼어낸다. 산파로서 자연의 비밀로 짜인 탯줄을 끊어버리는 것이다.

마담 아리안느, 좌측 두번째 안뜰

여자 점쟁이에게 미래에 대해 묻는 사람은 나가올 사건들에 대해 내면에서 예감하고 있는 것, 그러한 여자들에게서 듣게 될 것보다 천 배나 더 정확하게 예감하고 있는 것을 자기도 모르는 사이에 포기해버리게 된다. 그가 여자 점쟁이에게 가는 것은 호기심보다는 태만에 이끌려서이며, 그러한 사람이 자기 운명이 밝혀지는 것을 지켜볼 때 보여주는 순종적인 둔감함보다 더 용감한 자가 미래에 손을 댈 때의 과감하고도 민첩한 손놀림과 닮지 않은 것도 없을 것이다. 왜냐하면 임기응변은 미래의 정수精髓 자체이기 때문이다. 또한 지금 이 순간에 진행되고 있는 것을 정확하게 지각하는 것이 저 먼 미래를 예지하는 것보다 훨씬 더 결정적이기 때문이다. 전조, 예감, 신호가 낮과 밤을 가리지 않고 우리의 신체 조직을 물결들의 파동처럼 통과해 간다. 그것들을 해석할 것인가 아니면 이용할 것인가 그것이 문제이다. 단, 이 두 가지는 양립할 수 없다. 비겁과 태만은 전자를 권하고, 냉정과 자유는 후자를 권하고 있다. 그러한 예언이나 경고가 간접적〔수단적〕인 것, 즉 말이나 이미지가 되기 전에 이미 그들이 가진 최고의 힘은 죽어버렸기 때문이다. 우리의 심신 한가운데를 꿰뚫어 우리로 하여금 그에 따라 행동하도록 ― 〔구체적으로〕 어떻게 행동해야 할지를 거의 모르지만 ― 강요하는 힘을 말이다. 우리가 그러한 행동을 게을리 할 때, 오직 그때에만 그러한 예언이나 경고는 해독된다. 우리는 그것을 읽는다. 그러나 그때는 이미 늦었다. 따라서 불시에 화재가 발생하거나 청천벽력 같은 부고가 전해지거나 하면 처음에는 말조차 나오지 않는 충격 속에서도 어떤 죄의식이, 다음과 같은 막연한 질책이 떠오르게 된다. '정말 이럴 줄 몰랐니? 돌아가신 분에 대해 마지막으로 언급했을 때 그의 이름은 너의 입에서 다른 식으로 울리지 않았었니? 화재의 불꽃 속에서 어젯밤이 너에게 보낸 신호가 보이지 않니? 그날 밤이 했던 말을 너는 지금에서야 겨우 이해한 것 아니니? 그리고 네가 좋아하던 것을 잃어버리기 몇 시간 또는 며칠인가 전에 이미 냉소랄까, 슬픔이랄까, 달무리 같은 것이 그것을 둘러싸고 그것을 잃어버리게 될 것이라고 알려주지 않았니?' 삶이라는 책 속에서 추억은 마치 자외선처럼 본문의 난외에 예언으로서 적혀 있던 보이지 않는 글자를 각자에게 보여준다. 그러나 그러한 것의 의도를 곡해해 아직 살지 않은 삶을 트럼프나 심령이나 별에게 인도해버려 결국 삶이 순식간에 탕진되고 오용된 후 볼썽사나운 모습으로 우리에게 돌아오게 만든다면 벌을 면치 못할 것이다. 몸으로부터 온전히 자기 힘으로 능숙하게 운명과 겨루어 승리할 수 있는 힘을 속여서 빼앗아버린다면 벌을 면하지 못할 것이다. 순간은 그것 아래서 운명이 몸에 굴복해야 하는 '카우디움의 굴욕'[1]이다. 미래의 위협을 충실한 '지금(Jetzt)'으로 전환시키는 것, 이 유일하게 바람직한 텔레파시적 기적은 신체적인 임기응변에 의해서만 이루어질 수 있다. 그러한 처신이 인간의 일상적인 삶의 영위의 일부였던 원시 시대에 인간은 극히 신뢰할 수 있는 예언의 도구를, 즉 벌거벗은 몸을 부여받았다. 심지어 고대인들도 이 진실된 실천을 알고 있었으며, 스키피오[2]는 카르타고 땅에 오르다가 쓰러질 뻔하자 양팔을 크게 벌리고 "나는 너를 품에 안는다, 아프리카여!"라고 승리의 암호를 외쳤다. 재앙의 전조, 불운의 표징이 될 수도 있었던 것을 그는 몸으로 순간과 결합시켜 스스로를 신체의 막일꾼으로 만들었다. 바로 그러한 점에서 단식, 순결, 경야經夜와 같은 고대 로부터의 금욕의 고행이 예로부터 최고의 승리를 거둘 수 있었

---

1) 기원전 321년 삼니움족에게 패한 로마군은 이탈리아의 카우디움에서 복종의 표시로 세 개의 창으로 만들어진 멍에 밑을 통과해야 했다.
2) 아래 일화의 출전은 고대 로마의 전기 작가 수에토니우스의 『황제들의 생애』, 1권 「카이사르전」이다. 하지만 여기서 주인공은 대 스키피오도, 소 스키피오도 혹은 수에토니우스의 해당 부분에 이름이 나와 있는 스키피오(?~기원전 46년)도 아닌 카이사르(기원전 100~44년)이다. 수에토니우스의 저서에서 해당 부분은 이렇게 되어 있다. "카이사르는 배에서 상륙하려다 바다 속으로 떨어졌을 때조차 이 사고를 길조로 바꾸었다. '나는 너를 품에 안는다, 아프리카여!' 라고 외치며."

다. 매일 아침 우리 침대 위에 깨끗이 빨아놓은 셔츠처럼 하루가 놓여 있다. 이 비할 수 없이 섬세하고 촘촘한 직물, 이 순수한 예언의 직물은 우리 몸에 딱 맞는다. 이어질 24시간 동안의 운은 잠에서 깰 때 우리가 그것을 손에 쥘 수 있는가에 따라 달라질 것이다.

가장용 의상 대여점

부고를 전하러 가는 사람에게는 자기가 아주 중요한 사람처럼 생각된다. 그의 감정이 그를 — 심지어 모든 오성에조차 거슬러서[터무니없게도] — 망자들의 나라에서 온 대사로 만든다. 모든 망자들로 이루어진 공동체는 어찌나 거대한지 단순히 죽음을 알리러 가는 사람조차 그것을 느끼지 않을 수가 없다. 라틴어로는 죽는 것을 "*Ad plures ire*"[1]라고 표현한다.

벨린초나[2] 역의 대합실에서 세 명의 성직자가 눈에 들어왔다. 그들은 내 자리와 비스듬히 마주 보고 있는 벤치에 앉아 있었다. 나는 넋이 나간 채 가운데 앉아 있는 남자의 동작을 유심

1) 다수가 있는 곳으로 간다.
2) 스위스의 마을.

히 살펴보고 있었는데, 빨간 두건을 썼기 때문에 그는 다른 두 수도사와 뚜렷이 구분되었다. 다른 두 수도사와 이야기를 나누면서 그는 깍지 낀 양손을 무릎 위에 모으고 있었으며 아주 이따금씩만 어느 한쪽인가의 손을 아주 약간만 들어 올려 움직였다. 나는 생각한다. 오른손은 항상 왼손이 무슨 일을 하고 있는지를 알고 있음에 틀림없다[3]고.

지하철에서 바깥으로 나와 지상의 부서지는 찬란한 햇빛 속으로 발을 내딛으면서 한 번이라도 놀라지 않는 사람이 있을까? 하지만 불과 몇 분 전 그가 지하로 내려갈 때도 태양은 여전히 그처럼 밝게 빛나고 있었다. 그렇게 빨리 지상 세계의 날씨를 잊어버리는 것이다. 지상 세계 자체도 마찬가지로 그렇게 빨리 그를 잊어버릴 것이다. 누가 과연 이 사람의 삶에 대해 그가 두세 사람의 삶 속을 날씨처럼 부드럽게, 날씨처럼 가깝게 통과했다는 것보다 더 많이 이야기해줄 수 있겠는가?

셰익스피어와 칼데론[4]의 작품에는 종막이 전투 장면으로 채워지는 경우가 아주 흔한데, 왕과 왕자들, 시동들, 수행원들이 '도망가면서 등장' 한다. 이들의 모습이 관객의 눈에 보이는 순간 그들은 멈춰 선다. 등장인물(*dramatis personae*)의 도주가

---

[3] 「마태복음」, 6장 3절의 "너는 구제할 때에 오른손의 하는 것을 왼손이 모르게 하라"를 참조하라.
[4] 1600~1681년. 스페인의 극작가.

해당 장면에 멈출 것을 명령하는 것이다. 이들이 국외자局外者이자 진정 불편부당한 입장에 있는 관객들의 시야에 들어옴으로써 그동안 몹시 시달린 사람들은 안도의 한숨을 쉬고, 주변을 새로운 공기로 감쌀 수 있게 된다. 따라서 '도망가면서' 출현하는 자들이 무대에 등장하는 것은 숨겨진 의미를 갖고 있다. 이러한 공식을 읽을 때는 평생 계속되는 우리의 도주에 관해서도 그것을 관찰하는 타인들로부터 마찬가지로 우리를 안전하게 보호해 줄 수 있는 장소, 빛, 각광脚光을 찾을 수 있었으면 하는 기대가 끼어들게 된다.

마권 판매소

부르주아적인 삶이란 사사로운 일들의 체제(Regime)이다. 어떤 행동 양식이 중요하면 할수록 그리고 큰 영향을 미치면 미칠수록 이 체제는 그만큼 더 그것을 통제에서 멀리 벗어나도록 만든다. 정치적 신념, 재정 상태, 종교 — 이 모든 것이 수줍은 듯 몸을 숨기려고 하며, 그리고 가정은 썩어빠진 음울한 건물, 즉 헛간과 구석에는 극히 초라한 본능이 확고하게 뿌리내리고 있는 건물이다. 속물들은 애정 생활을 철저하게 사적인 것으로 만들 것을 주장한다. 따라서 구애는 당사자들 사이에서 말없이, 하지만 악착같이 진행되는 거래가 되어버렸다. 이처럼 정말 철저하게 사적이며 모든 책임으로부터 면제되어 있는 구애가 '희롱'이라는 것에서 진정 새로운 점이다. 이에 반해 프롤레타리아적 유형과 봉건적 유형은 다음과 같은 점에서, 즉 구애에 있어 상대방 여성보다는 연적들을 정복하는 데 훨씬 더 열심이라는 점에서 비슷하다. 이러한 점에서 그들은 여성을 '자유롭게' 놔 두는 경우보다 훨씬 더 깊이 존경하는 셈인데, 그것은 이들이 그녀의 의향도 묻지 않고 그녀의 뜻에 따르는 것을 의미하기 때문이다. 에로스에 있어 중점을 공적인 것으로 옮기는 것은 봉건적이며 프롤레타리아적이다. 이러저러한 기회에 여성을 데리고 모습을 나타내는 것이 그녀와 자는 것보다 중요할 수 있다. 따라서 결혼에 있어서도 아이를 낳는 데 도움이 되지 않는 부부간의 '조화'에는 무게가 놓이지 않는다. 결혼의 정신적 힘은 아이와 마찬가지로 두 사람의 투쟁과 경쟁의 기묘한 결과로 나타나는 것이다.

비어 스탠드

선원들이 상륙하는 일은 드물다. 종종 밤낮 구분 없이 짐을 내리고 싣는 일을 반복해야만 하는 항구에서의 일에 비하면 외항선 근무는 일요일의 휴가와도 같다. 아무튼 한 무리의 선원들에게 두세 시간 상륙 허가가 떨어질 때 즈음이면 주위는 이미 어두워져 있다. 술집으로 이어지는 길에 대성당이 검은 돌기처럼 우뚝 솟아 있으면 그보다 더 좋을 수는 없을 것이다. 맥줏집은 모든 도시의 열쇠이다. 어디서 독일 맥주를 마실 수 있는지를 조사하는 것만으로도 전 세계의 나라와 민족에 관한 학문을 만들기에 충분할 것이다. 독일 선원들의 술집은 밤의 시가 지도를 펼쳐 보인다. 그곳에서 사창가로 이어지는 길, 다른 술집으로 가는 길을 찾기란 어렵지 않다. 그곳들 이름은 며칠 전부터 식사할 때의 대화 속에 끼어 들어왔다. 왜냐하면 한 항구를 뒤로 하면 선원들은 한 사람씩 차례대로 다음 항구에 있는 바와 댄스홀, 예쁜 여자와 각국의 음식의 애칭을 작은 삼각 깃발처럼 게양하기 때문이다. 하지만 이번에 상륙하게 될지 누가 알랴. 배가 막 세관 신고를 마치고 입항하자마자 벌써 온갖 기념품을 든 상인들이 올라오는 것은 바로 이 때문이다. 목걸이, 그림엽서, 유화, 나이프, 작은 대리석 입상立像. 도시의 경치는 보여지는 것이 아니라 팔리는 것이다. 선원의 트렁크 안에는 홍콩제 가죽 벨트가 팔레르모[1]의 파노라마 그림, 슈테틴[2]의 여자 사진과 나란히 들어 있다. 선원들의 현실 속의 거처도 바로 이와 똑같다. 시민들에게 있어 미지의 세계는 안개에 싸인 먼 곳에 있으나 선원들에게 그러한 먼 곳 따위는 없다. 어떤 도시에서든 처음으로 해야 할 일은 갑판에서의 일이며, 그런 다음에는 독일 맥주, 영국제 면도비누, 네덜란드 담배 순이다. 뼛속까지 국제 공업 규격이 배어 있는 그들은 야자나무와 빙산에 속아 넘어갈 '봉'과는 전혀 다르다. 선원들은 가까이 있는 것에는 '물려 있으며', 극히 미묘한 뉘앙스만이 그의 마음에 말을 걸 수 있다. 그들은 나라들 간의 차이를 건축 양식과 풍경보다는 생선 조리법을 통해 훨씬 더 잘 구분할 수 있다. 그들은 세부적인 것까지 훤히 꿰뚫고 있기 때문에 대양에서 다른 배들과 교차해야 하는(그리고 자사의 배에는 사이렌의 포효로 인사한다) 항로들도 그들에게는 서로 상대방을 피

---

1) 이탈리아의 시칠리아 섬의 항만 도시.
2) 1945년까지 독일령, 현 폴란드령의 항만 도시 슈체친의 독일 이름.

해 지나가야 하는 소음 가득한 차도 같은 곳일 뿐이다. 그들은 공해상에서 하나의 도시에 살고 있는 셈인데, 거기서는 마르세유의 칸비에르[3]에 있는 포트사이드[4]풍의 한 술집이 함부르크의 사창가를 비스듬히 마주 보고 있으며, 바르셀로나의 카탈루냐 광장에는 나폴리의 계란 성[5]이 세워져 있다. 고급 선원들에게서는 아직 고향 도시가 우위를 점하고 있다. 그러나 견습 선원이나 화부火夫 같은 사람들 — 운송된 그들의 노동력은 선복船腹에서 상품과의 접촉을 유지하고 있다 — 에게 있어 그런 식으로 교차되는 항구들은 더이상 단순한 고향을 넘어 차라리 요람이라 할 수 있다. 그들의 이야기에 귀를 기울이다 보면 여행에는 어떠한 거짓말이 숨어 있는지를 알 수 있다.

---

3) 구 항구에서 뻗은 눈에 띄는 거리.
4) 이집트의 항만 도시.
5) 노르만인들이 처음 만든 후 1274년 프랑스인에 의해 재건된 건물로 나폴리 항구에 솟아 있다.

거지, 잡상인 사절!

모든 종교는 거지에게 깊은 경의를 표해왔다. 왜냐하면 은혜를 베푼다고 하는 무미건조하고 진부한 동시에 생명을 구제하는 신성한 것이기도 한 일에 있어서 정신과 원칙, 일관성과 원리는 창피할 정도로 아무 도움도 되지 않는다는 것을 그가 입증해 보이고 있기 때문이다.

사람들은 남반구에 거지들이 많은 것에 개탄하지만 막상 우리 코앞에 그들이 끈질기게 나타나는 것은 난해한 텍스트를 앞에 둔 학자의 집요함과 마찬가지로 정당하다는 사실은 잊고 있다. 그들은 우리 표정에서 스쳐 가는 주저의 그림자 하나, 의지나 숙고의 어떤 아련한 표현 하나도 절대 놓치는 법이 없다. 호객 소리로 비로소 우리가 마차에 탈 생각이 없지 않다는 것을 깨닫게 만드는 마부의 텔레파시, 잡동사니 같은 물건 더미에서 유일하게 이쪽 시선을 끌지도 모를 목걸이나 카메오 브로치를 집어 올리는 방물장수의 텔레파시도 그와 비슷한 종류의 것이라고 할 수 있다.

플라네타리움에 관해[1]

고대의 가르침을 마치 유대 랍비 힐렐[2]처럼 한쪽 발로 서서 극히 간명하게 설명해야 한다면 그것은 이런 문장이 될 수밖에 없을 것이다. "우주의 온 힘으로 살아가는 사람들만이 대지를 자기 것으로 할 수 있을 것이다." 우주적 경험에 열중 — 후대의 인간들은 그러한 경험을 거의 알지 못한다 — 한 것만큼 고대인들을 근대인들로부터 구분해주는 것도 없을 것이다. 그러한 경

---

1) 「플라네타리움으로」라는 의미로도 볼 수 있다. 플라네타리움은 천체의 운행을 나타내는 기계로, 천체의 과거 현재 미래의 운행을 영상화하여 주로 교육적 목적으로 사용된다.
2) 기원전 60년경~기원후 10년경. 바빌로니아 출신의 유대교 학자로 이교도들로부터 "한쪽 발로 서서 율법 전체를 가르쳐주면 개종하겠다"는 말을 듣고는 "자신이 하고 싶지 않은 일을 남에게 시키지 말라는 것이 율법의 핵심이다"라고 대답했다고 한다.

험의 몰락은 근대 초기에 천문학이 개화한 것에서 이미 예고되어 있었다. 케플러, 코페르니쿠스, 티코 브라헤[3]는 분명 학문적 충동에만 이끌렸던 것은 아니다. 하지만 우주와의 시각적 연결만 강조 — 천문학은 바로 얼마 후 그러한 쪽으로 끌려 들어가게 되었다 — 하는 입장 속에는 이미 이후에 일어나게 될 사태의 징조가 들어 있었다. 고대에 우주와의 교류는 그것과는 다른 형태로, 즉 도취 속에서 이루어졌다. 도취라는 경험 속에서만 우리는 우리에게 가장 가까운 것과 먼 것을 어렴풋이나마 알 수 — 다른 한쪽 없이는 어느 한쪽을 결코 알 수 없을 것이다 — 있기 때문이다. 하지만 이것이 의미하는 바는 인간은 공동체 속에서만 우주와 도취적으로 커뮤니케이션을 할 수 있다는 것이다. 근대인들의 위험천만한 착오는 이러한 경험을 중요하지 않은 것, 피할 수 있는 것으로 간주해 아름다운 별밤 아래서의 몽상으로 각 개인에게 맡겨버린 것이었다. 그렇지 않다. 이 경험은 반복적으로 새롭게 다가오며, 따라서 지난번 전쟁 — 그것은 우주적 힘들과의 새로운, 전대미문의 결합의 시도였다 — 이 극히 무시무시한 방식으로 입증해주었듯이 어떠한 민족도, 어떠한 세대도 그것을 피할 수 없다. 인간의 대집단이, 가스가, 전력들이 광야에 내던져지고, 고주파 전류가 풍경을 빠져나가고, 새로운 성좌가 하늘에 뜨고, 공중과 심해에는 프로펠러와 스크루의 굉음이 울리고, 모든 곳에서 희생자를 묻을 구멍이 어머니 대지

---

[3] 1546~1601년. 덴마크의 천문학자.

에 파이게 되었다. 우주에 대한 이처럼 대대적인 구애는 처음으로 행성적인 규모로, 즉 기술의 정신 속에서 이루어졌다. 그러나 이윤 추구욕을 가진 지배 계급이 기술을 통해 바라는 것을 충족시키려고 했기 때문에 기술은 인류를 배신하고, 초야의 침대를 피바다로 바꾸어버리고 말았다. 자연을 지배하는 것이 모든 기술의 의미라고 제국주의자들은 가르친다. 하지만 어른들이 아이들을 지배하도록 하는 것이 교육의 의미라고 공언하며 채찍을 휘두르는 교사를 누가 믿을 수 있겠는가? 교육이란 무엇보다 세대와 세대 사이의 관계에 필요 불가결한 질서 잡기이며, 따라서 지배라는 말을 사용하려면 아이들이 아니라 세대들 간의 관계에 대해 적용해야 하지 않을까? 마찬가지로 기술이라는 것 역시 자연을 지배하는 것이 아니라 자연과 인류 사이의 관계를 지배하는 것이다. 종으로서의 인간은 벌써 몇 만 년 전에 이미 발전의 끝에 도달했다. 그러나 종으로서의 인류는 발전의 시작에 서 있는 것이다. 기술 속에서 하나의 신체(*physis*)가 조직되고 있는데, 그러한 신체를 통해 인류의 우주와의 접촉은 새롭게, 그리고 민족이나 가족에 있어서와는 다른 방식으로 이루어지게 될 것이다. 속도들의 경험을 떠올리는 것만으로 충분할 텐데, 그것들 덕분에 인류는 바야흐로 시간의 내부로 기약도 없는 여행을 떠나고 거기에서 병자들이 이전에 높은 산이나 남쪽 해변에서 그랬던 것처럼 원기를 회복할 수 있게 해줄 리듬을 마주할 준비를 하고 있는 것이다. 달의 여신의 정원(Lunapark)은 요양소의 전신이다. 진정한 우주적 경험의 전율은 우리가 습관적으로 '자연'이라고 부르는 저 조그마한 자연의 단편과는 연결되어 있지 않다. 이전 전쟁의 섬멸의 밤들에서 인류의 골격은 간질 환자의 행복감과 비슷한 감정에 흔들렸다. 이어 벌어진 몇몇 반란은 새로운 육체를 인류의 통제 아래 두려고 한 최초의 시도였다. 프롤레타리아트의 권력은 이 육체의 차도差度를 가늠할 수 있는 척도이다. 그러한 권력 규율이 이 육체의 뼛속까지 침투해 있지 않다면 어떠한 평화주의적인 논쟁도 이 육체를 구원할 수 없다. 생명이 있는 것이 섬멸의 광란을 극복할 수 있는 것은 단지 산출(Zeugung〔생식〕)의 도취 속에서뿐이다.